*Светлой памяти
моей бабушки Евгении посвящается*

E.V. Ross

BASIC RUSSIAN
IN TABLES AND DIAGRAMS

St. Petersburg
"Zlatoust"

2006

Е.В. Росс

РУССКАЯ ГРАММАТИКА
В ТАБЛИЦАХ И СХЕМАХ

Санкт-Петербург
«Златоуст»

2006

УДК 811.161.1

Росс Е.В.
   Русская грамматика в таблицах и схемах. — СПб.: Златоуст, 2006. — 168 с.
Ross E.V.
   Basic Russian in Tables and Diagrams. — St. Petersburg: Zlatoust, 2006. — 168 c.

ISBN 5-86547-369-7

Зав. редакцией: *А.В. Голубева*
Редактор: *Е.В. Ганапольская*
Корректор: *И.В. Евстратова*
Верстка: *Л.О. Пащук*
Обложка: *Д.Ю. Зуев*

Подготовка оригинал-макета: издательство «Златоуст».
Подписано в печать 07.07.2006. Формат 60x90/8. Печ.л. 21. Печать офсетная. Тираж 3000 экз. Заказ № 2166.
Код продукции: ОК 005-93-953005.
Лицензия на издательскую деятельность ЛР № 062426 от 23 апреля 1998 г.
Санитарно-эпидемиологическое заключение на продукцию издательства Государственной СЭС РФ
№ 78.01.07.953.П.001928.03.05 от 11.03.2005 г.
Издательство «Златоуст»: 197101, Санкт-Петербург, Каменноостровский пр., д. 24, оф. 24.
Тел.: (+7-812) 346-06-68, факс: (+7-812) 703-11-79, e-mail: sales@zlat.spb.ru, http://www.zlat.spb.ru
Отпечатано по технологии CtP в ОАО «Печатный двор» им. А.М. Горького. 197110, Санкт-Петербург, Чкаловский пр., 15.

СОДЕРЖАНИЕ
CONTENTS

Предисловие

Учебное пособие «Русский язык в таблицах и схемах» предназначено для иностранцев-англофонов, изучающих русский язык.

Данное пособие можно использовать в учебном процессе как дополнительный материал к любому вводному, сопроводительному, корректировочному или краткосрочному курсу на начальном и среднем этапах обучения русскому языку. Универсальность книги заключается в том, что она может быть применима в условиях языкового окружения и без него, в работе с преподавателем и для самостоятельного изучения языка.

Пособие имеет практическую направленность. Материал книги содержит базовые сведения о графике, фонетике, грамматике, лексике и синтаксисе русского языка в виде таблиц и схем с небольшими комментариями, раскрывающими особенности употребления русских грамматических конструкций. Информация, выходящая за пределы основного курса, но приведенная в целях системности изложения материала, отмечена в пособии синим цветом. Это позволяет использовать книгу как справочник и на продвинутом этапе обучения (уровни B2 и выше).

В книге нашла отражение методологическая концепция автора, базирующаяся на данных психолингвистики и сопоставительном подходе к языковым явлениям. По мнению автора, новичка-иностранца нужно научить анализировать и понимать чужой язык, а не требовать бездумного заучивания грамматических правил. В этой работе реальную помощь и преподавателю, и учащемуся могут оказать таблицы и схемы, которые представляют теоретический материал систематизированно, обобщенно и компактно, что дает возможность воспринимать и анализировать язык как систему. При таком анализе языковых явлений у учащегося исчезает чувство чрезмерности теоретического материала, активизируется логическое мышление и развивается способность к самостоятельному конструированию языковых моделей.

Кроме того, использование таблиц и схем в обучении языку ориентировано на привлечение зрительной — наиболее прочной и оперативной — памяти учащегося, позволяющей воспроизводить информацию «блоками» и в системе. Именно зрительная память способна мгновенно «считать» необходимое и обеспечить непроизвольное, но осознанное запоминание.

В книге учитываются характерные трудности, которые возникают при изучении русского языка у учащихся, владеющих английским языком как родным или как языком-посредником. Это нашло свое отражение в отборе, расположении и способе представления языкового материала. Пособие включает краткий словарь лингвистических терминов, в котором представлены все основные языковые понятия.

Автор выражает признательность своим канадским коллегам — профессору университета г. Ватерлоо (Канада) Зинаиде Гимпелевич, профессору университета г. Ватерлоо (Канада) Иринеушу Шаричу, профессору Вестерн университета г. Лондон (Канада) Грегору Эрэмяну за поддержку, полезные советы и замечания. Автор также благодарит всех своих студентов из Молдавского госуниверситета и университета г. Ватерлоо, которые подтолкнули к написанию этой книги и на занятиях с которыми многие из приведенных таблиц были апробированы.

Елена Росс

Preface

This manual is intended for foreigners studying Russian whose first native language is English.

This reference-book can be used in educational processes as additional material to any introduction or short-term courses both on elementary and intermediate stages of study Russian. The universality of this book is that it can be applicable both in conditions of a language environment, and without it. It works well with a teacher and also for the in independent study of Russian language.

The book has a practical orientation. The material of the book provides the complex study of Russian, i.e. the basic and fundamental elements of phonetics, grammar, lexicon, and syntax. Unlike other books and manuals, this edition is not a set of separate grammatical phenomena. All grammatical materials are presented in systematic tables and diagrams with brief comments revealing the features of the use of grammatical phenomena. Additional information given for system reason is marked with blue color. Therefore you can use this bool as a reference book for advanced students too.

The author's methodological concept is based on the data of psycholinguistics and the comparative approach to the language phenomena. This concept is reflected throughout the book. In the author's opinion, the beginner needs to be taught to analyze and to understand the unfamiliar language instead of the thoughtless learning of grammatical rules. The tables and diagrams are made to assist in this work. They represent theoretical material in the systematized, generalized and compact form and help to perceive and to analyze language as a system. At such an analysis of the language phenomena, the feeling of an excessive abundance of theoretical material disappears for the learner. His logical thinking is made active and his ability to create similar language models develops.

The use of tables and diagrams in the study of language is based on the strong attraction the visual cues to enhance memory. Visual memory is instantly capable "of computing" the necessary information to ensure involuntary, but realized memorization.

The characteristic difficulties, which English-speaking learners meet in the study of Russian, are considered in the book. These features were taken into consideration in selection, layout and representation of the language material. Some Russian language phenomena are synchronously compared with the phenomena of the English language and the data of interlanguage contrastive analysis contained in corresponding grammars are given in the book. The manual includes the list of linguistic terms in which all basic language concepts used in the book are submitted.

The author is deeply indebted to her Canadian colleagues — Dr. Zinaida Gimpelevich, Professor, Department of Germanic nd Slavic Studies, Waterloo University (Canada); Dr. Ireneusz Szarycz, Professor, Department of Germanic nd Slavic Studies, Waterloo University (Canada); Dr. Greg Eremian, Professor, Department of Modern Languages and Literatures, Western University of London (Canada) for their support and helpful remarks. The author is grateful to her students of the Moldavian State University and students of Waterloo University, who gave the idea to write this book and who approved most of the given tables.

Elena Ross

I. PRINTED AND WRITTEN ALPHABET

THE RUSSIAN ALPHABET

REMEMBER!

- The Russian alphabet contains 33 characters: 10 vowel letters, 21 consonant letters, and 2 signs.
- The capital and the lower case of most Russian letters look alike in their printed form.

Printed letter	Cursive letter	Pronunciation*	Russian / English words	Similar English sound
А а	*А а*	[a]	Анна *Ann*	*car*
Б б	*Б б*	[b]	бар *bar*	*but*
В в	*В в*	[v]	водка *vodka*	*voice*
Г г	*Г г*	[g]	гусь *goose*	*get*
Д д	*Д д*	[d]	доктор *doctor*	*date*
Е е	*Е е*	[je]** / [‘e]	енот *raccoon*	*yes, lady*
Ё ё	*Ё ё*	[jo]** / [‘o]	ёлка *Christmas tree*	*your*
Ж ж	*Ж ж*	[zh]	жираф *giraffe*	*giraffe, pleasure*
З з	*З з*	[z]	зебра *zebra*	*zebra*
И и	*И и*	[ee]	Интернет *Internet*	*see, peace*
Й й	*Й й*	[j**]	Нью-Йорк *New York*	*York, boy*
К к	*К к*	[k]	коала *koala*	*cool*
Л л	*Л л*	[l]	леди *lady*	*little*
М м	*М м*	[m]	мама *mama*	*mark*

12

Е. Росс. Русский язык в таблицах и схемах

Н н	*Н н*	[n]	нерв *nerve*	*nerve*
О о	*О о*	[o]	орнамент *ornament*	*port*
П п	*П п*	[p]	порт *port*	*aspect*
Р р	*Р р*	[r]	роза *rose*	*road*
С с	*С с*	[s]	Совет *Soviet*	*spoon*
Т т	*Т т*	[t]	тайга *taiga*	*time*
У у	*У у*	[oo]	утро *morning*	*book*
Ф ф	*Ф ф*	[f]	факт *fact*	*far*
Х х	*Х х*	[h]	холл *hall*	*hot*
Ц ц	*Ц ц*	[ts]	царь *tsar*	*nuts*
Ч ч	*Ч ч*	[ch]	чек *cheque*	*chair*
Ш ш	*Ш ш*	[sh]	шериф *sheriff*	*sharp*
Щ щ	*Щ щ*	[shch]	борщ *borshch*	*Danish charter*
Ъ	*ъ*	[j**]	съезд *congress*	
Ы	*ы*	[y]	мы *we*	*kick, little*
Ь	*ь*	[j*]/ [']	ноль *zero*	
Э э	*Э э*	[e]	эра *era*	*bed*
Ю ю	*Ю ю*	[ju]**/ ['u]	ЮНЕСКО *UNESCO*	*youth*
Я я	*Я я*	[ja]**/ ['a]	яхта *yacht*	*yard*

* **Attention!** Any description of Russian pronunciation using Roman alphabet is highly conditionally. [r] or [h] in English are not full equivalent for Russian [р] or [х]. Therefore it can be dangerous to read Russian words "in English way". Listen to the difference between Russian and English sounds and compare them!
** [j] sounds like very short English [y].

NOTES OF WRITING RUSSIAN

Cursive letter	Comments
А а	The capital letter begins with hook.
Б б	There are only two tall lower case script letters: *б* and *в*.
В в	
Г г	The lower case cursive letter must be rounded.
Д д	Do not confuse lower case **б** and cursive **д** in some fonts.
Е е	
Ё ё	Authentic Russian texts often omit the two dots, making this letter indistinguishable from the above.
Ж ж	
З з	Note indented back to differentiate from *Э э*
И и	Unlike English **r**, this cursive letter cannot end on midline, but must end on baseline **и**. The first stroke of the small letter is not rounded in its upper part.
Й й	This letter is a consonant; do not confuse it with *И и*.
К к	Lower case **к** does not extend above midline.
Л л	In cursive this letter always begins with a hook. The small letter **л** (equivalent of the English **l**) is not higher than other letters.
М м	In cursive this letter always begins with a hook. Do not confuse **м** with **т**.
Н н	The first stroke of the small letter is not rounded in its upper part.
О о	

П п	Note the formation of the upper case cursive *П*. The first stroke of the small letter is not rounded in its upper part.
Р р	Cursive letter is not closed. The first stroke of the small letter is not rounded in its upper part.
С с	
Т т	Note the formation of the upper case cursive *Т*. The first stroke of the small letter is not rounded in its upper part.
У у	The first stroke of the small letter is not rounded in its upper part.
Ф ф	
Х х	
Ц ц	The first stroke of the small letter is not rounded in its upper part. Tail on *Ц ц* is very short, much shorter than the tail of *У у*. Do not confuse *Ц ц* and *И и* or *Ц ц* and *Щ щ*.
Ч ч	Do not confuse *Ч* with *У* or *ч* with *г*.
Ш ш	Unlike English **W w**, this cursive letter cannot end on midline, but must end on baseline: *Ш ш*. This letter is made with three equal loops. Often a line is drawn under the lower case *ш*.
Щ щ	Tail on *Щ щ* is very short.
ъ	Never begins a word. The letter *ъ* looks like a small 6 with a tail.
ы	Never begins a word. The letter *ы* doesn't extend above the midline.
ь	Never begins a word. The letter *ь* looks like a small 6. The letter *ь* doesn't extend above the midline.
Э э	Be sure to differentiate cursive *Э э* from cursive *З з*.
Ю ю	
Я я	In cursive this letter always begins with a hook.

II. PHONETICS

REMEMBER!

- Spelling and pronunciation are much closer in Russian than in English. Every Russian letter has basically only one pronunciation.

- Russian sounds are generally less energetic than English ones.

◆ Russian words will be understood if you simply read them letter-by-letter. But, to comprehend and speak Russian correctly, you have to get acquainted with several phonetic rules, peculiarities of Russian intonation and stress.

RUSSIAN LETTERS

10 vowels	а	у	э	о	и	ы	е	ё	ю	я
21 Consonants	б	в	г	д	ж	з	м	н	л	р
	п	ф	к	т	ш	с	х	ц	ч	щ	й
2 signs	ь					ъ				

Classes of Russian Sounds

Vowels				Consonants			
Palatalizing		Non-palatalizing		Voiced		Voiceless	
Stressed	Unstressed	Stressed	Unstressed	Hard	Soft	Hard	Soft
лес *forest*	лесá *forests*	пóрт *port*	молокó *milk*	лук *onion*	люк *hatch*	брат *brother*	брать *to take*

VOWELS

Non-Palatalizing Vowels	А	У	Э	О	Ы
Palatalizing Vowels	Я	Ю	Е	Ё	И

Word Stress (Accent)

• A (non-compound) word generally has only one stressed syllable. In Russian, stressed syllable is pronounced with greater vigour than in English, and it is more distinct than the other syllables in the same word.

• The pitch of the stressed syllable is somewhat higher than that of the other syllables. The pitch of the voice falls on all the syllables following the stressed one.

• The Russian stress is not fixed on a certain syllable unlike in other languages. It is free and it can fall on any syllable of the word, but each word, of course, has its definite stressed syllable. Sometimes the stress can move from one syllable to another in different forms of the same word.

◆ In this book the stress, or accent, will be indicated by the sign (´) on the stressed vowel.

Examples

ма́ма	*mama*		
Кана́да	*Canada*		
кни́га	*book*		
люби́ть	*to love*	— (он) лю́бит	*(he) loves*
голова́	*head*	— го́ловы	*heads*
рука́	*hand*	— ру́ки	*hands*

Reduction of Vowels

Vowel	In Stressed Syllable	In Unstressed Syllable
а	[а] ма́ма, фа́кт	[а] — if the letter is the first or the last in a word; — in syllable immediately before stress маши́на (*car*), бана́н (*banana*), аэропо́рт, А́фрика [ы] — elsewhere* ма́ма, маши́на, америка́нец (*American*)
о	[о] до́ктор, хо́лл	[а] — if the letter is the first or the last in a word; — in syllable immediately before stress орна́мент, окно́ (*window*), Росси́я (*Russia*), я́блоко [ы] — elsewhere* конститу́ция (*constitution*), хорошо́ (*good*), я́блоко
е	[‘е] ле́то [jе] е́сть, съе́л, пое́л, досье́	[и] — if the letter is the first or the last in a word; — in syllable immediately before stress дека́брь, ено́т, мо́ре [ь] — elsewhere* америка́нец (*American*)
я	[‘а] октя́брь [ja] я́блоко, моя́, изъя́н, мужья́	[и] — if the letter is the first or the last in a word; — in syllable immediately before stress тяну́ть, янва́рь, тётя [ь] — elsewhere* пятачо́к
ё	[‘о] лёд [jo] ёлка, объём, поёт, льёт	not in use!
ю	[‘u] брю́ки [ju] ю́бка, пою́, лью́, адъю́тант	not changeable! любо́вь, любопы́тно, мо́ющий

‘ — we mark with this sign softness of a consonant; it is pronunciated as a very short [i]

CONSONANTS

- Most Russian consonants can be pronounced in two ways: hard (non-palatalized) and soft (palatalized).

- The difference is important, since the meaning of a word may change with the change from a hard consonant to a soft consonant.

◆ In writing, the hard or soft pronunciation of a consonant is indicated by the vowel following it. A consonant followed by the vowels а, э, о, ы, у or hard sign ъ is hard; one followed by the vowels я, е, ё, ю, и or soft sign ь is soft.

Hard — Soft Consonants

Note	Hard — Soft Pairs	Always Hard	Always Soft
Tongue low and back in mouth	б п в ф с з т д м н л р к г х	ж ш ц	
Tongue high and forward in mouth	б' п' в' ф' с' з' т' д' м' н' л' р' к' г' х'		щ' ч' й'

Examples

Palatalization in Russian						Palatalization in American English
Hard			Soft			
н [n]	нос	nose	н' [n']	нёс	(he) was carrying	
л [l]	лук	onion	л' [l']	люк	hatch	nook — new
	флаги	flags		фляги	flasks	military — Italian
м [m]	мать	mother	м' [m']	мять	to crumple	moon — music
т [t]	ест	(he) eats	т' [t']	есть	to eat	toot — tune
	брат	brother		брать	to take	do — dew

Voiced and Voiceless Consonants

	Paired consonants						Unpaired consonants				
Voiced Consonants — are produced by the voice — cannot be whispered	Б	В	Г	Д	Ж	З	М	Н	Р	Л	Й
Voiceless Consonants — are produced with the breath alone — can be whispered	П	Ф	К	Т	Ш	С	Щ	Ч	Ц	Х	

Important Phonetic and Orthographic Rules

Table № 1

	We always write		We always pronounce	
1. At the end of a word, a voiced consonant becomes voiceless.	хле<u>б</u> са<u>д</u> моро<u>з</u> дру<u>г</u> му<u>ж</u>	*bread* *garden* *frost* *friend* *husband*	хле[п] са[т] моро[с] дру[к] му[ш]	— б/п — д/т — з/с — г/к — ж/ш
2. When a voiced consonant immediately precedes a voiceless consonant, the first becomes voiceless.	<u>в</u>торой ло<u>дк</u>а ло<u>жк</u>а у<u>зк</u>ий	*second* *boat* *spoon* *narrow*	[фт]орой — в/ф ло[тк]а — д/т ло[шк]а — ж/ш у[ск]ий — з/с	
3. When a voiceless consonant immediately precedes one of the voiced consonant, the other one also becomes voiced.	<u>с</u>делать э<u>кз</u>амен фу<u>тб</u>ол	*to do* *examination* *football*	[зд']елать— з/с э[гз]амен — г/к фу[дб]ол — д/т	

20

Е. Росс. Русский язык в таблицах и схемах

Table № 2

We always write	We always pronounce	Examples	
ЖИ	[ЖЫ]	**жи**вот	*stomach*
		эта**жи**	*floors*
ШИ	[ШЫ]	ма**ши**на	*car*
		малы**ши**	*kids*

Table № 3

We always write	We always pronounce	Examples	
ЧА	[Ч'А]	**ча**шка	*cup*
ЩА	[Щ'А]	ро**ща**	*grove*
ЧУ	[Ч'У]	**чу**до	*miracle*
ЩУ	[Щ'У]	**щу**ка	*pike-fish*

Table № 4

We always write	We always pronounce	Examples	
ЦЕ	[ЦЭ]	**це**нтр	*center*
		цент	*cent*

How to Read Some Combinations of Consonants

Combination		Pronunciation	Examples	
Combinations with unpronounceable consonant	здн	[zn]	пра**зд**ник	*holiday*
			по**зд**ний	*late* (adj.)
	рдц	[rts]	сер**д**це	*heart*
	лнц	[nts]	со**л**нце	*sun*
	стн	[sn]	ле**ст**ница	*stairs*
			у**ст**но	*orally*
	вств	[stv]	чу**вст**во	*feeling*
			здра**вст**вуй	*good day!*
Other combinations	жч	[shch']	му**жч**ина	*man*
	зч		изво**зч**ик	*cabman*
	сч		**сч**астье	*happiness*
			счёт	*account* (n.)
	чт	[sht]	**чт**о	*what*
	чн	[shn]	коне**чн**о	*of course*
			було**чн**ая	*bakery*
	тц	[ts]	вкра**тц**е	*in brief*
	дц		два**дц**ать	*twenty*
			три**дц**ать	*thirty*
	тч	[ch']	лё**тч**ик	*pilot, flyer*
	дч		докла**дч**ик	*reporter*
	тся	[tsa]	учи**тся**	*he studies*
	ться		учи**ться**	*to study*

SPECIAL PHONEME *Й*

• The letter **й**, which is called "consonant" or "semivowel" in the different textbooks, is always preceded by a vowel, never by a consonant.

We write	We pronounce	Example	
ай	Is somewhat similar to the English **y** in **by**.	ма**й** Да**й**!	*May* *Give!*
эй	Is somewhat similar to the English **ay** in **say**.	**Эй**! **эй**фория	*Hey!* *euphoria*
ой	Is somewhat similar to the English **oy** in **boy**.	м**ой** б**ой**	*my* *battle*

SOFT and HARD SIGNS

Ь (soft sign)	**Ъ** (hard sign)
• makes the preceding consonant soft; • is used in roots, suffixes or endings of words befor **ё, е, ю, я**; in some foreign words befor **о**; • is used in nouns fem. gender after **ч, ш, щ, ж**; • is used in following forms of verb: Infinitiv, Imperativ, 2nd person Pres. sing; • is used in adverbs ending with **ч, ш, щ, ж** (except **уж, замуж, невтерпёж**)	• is a separation sign and denotes a very short pause or the absence of a sound; • is used only between prefixes and roots of words beginning with **ё, е, ю, я**; • is used after **двух-, трёх-, четырёх-** befor roots of words beginning with **ё, е, ю, я**; • is used in some foreign words
только — *only* комп**ь**ютер — *computer* камен**ь** — *stone* пит**ь** — *to drink* почтал**ь**он — *postman* мыш**ь** — *mouse* еш**ь**, еш**ь**те — *Eat!* пишеш**ь** — *(you) write* навзнич**ь** — *backwards*	под**ъ**ём — *lifting, ascent* об**ъ**езд — *detour* об**ъ**яснение — *explanation* с**ъ**езд — *congress* двух**ъ**ярусный — *two-circle* ад**ъ**ютант — *adjutant* об**ъ**ект — *object*

INTONATION CONSTRUCTIONS

IC	Graphic representation	Usage	Examples
IC-1	⎯ ⎯ ╲ ⎯ Э-то ма-ма.	In simple narrative sentences.	Она говорит по-русски. *She speaks Russian.*
		In complex sentences.	Я знаю, кто ты. *I know who you are.*
IC-2	⎯ ╲ ⎯ ⎯ От-ку-да он?	In special questions (with question word).	Кто это? *Who is this?*
		In sentences with imperative expressing request, order.	Откройте дверь! *Open the door!*
		In sentences with conjunction **а** in construction with **не**.	Это магазин, а не библиотека. *This is a shop, not a library.*
		In case of enumeration.	Это математики, психологи, химики. *They are mathematicians, psychologists, and chemists.*
IC-3	⎯ ⎯ ╱ ⎯ Э-то па-па?	In general questions (without question word).	Вы говорите по-русски? *Do you speak Russian?*
		To mark the subject group, the adverbial modifiers of place and time.	Это журнал «Дружба народов». *This is a magazine "Friendship of Nations".*
		In sentences with conjunction **или**.	Сегодня понедельник или вторник? *Is it Monday or Tuesday today?*
		In sentences with imperative (polite request, advice).	Дайте, пожалуйста, кофе. *Give me some coffee please!*

IC	Graphic representation	Usage	Examples
IC-3		In sentences with conjunction **a**.	Ум хорошо, а два лучше. *Two heads are better that one.*
		In case of enumeration.	Здесь открытки, газеты и журналы. *Here are postcards, newspapers and magazines.*
IC-4	А Ю-ра?	In incomplete phrases with the initial conjunction **a** at the beginning of the phrase.	Меня зовут Ольга. А вас? *My name is Olga. And yours?*
		In case of enumeration.	Это моя семья: папа, мама и я. *This is my family: a father, a mother, and me.*
IC-5	Ка-кие от-крыт-ки!	In sentences containing qualification (with words **какой, какая, как…**).	Какая красивая девушка! *What a pretty girl!* Как она танцует! *How she is dancing!*

III. ORTHOGRAPHY

SOME IMPORTANT SPELLING RULES

5-letter spelling rule	8-letter spelling rule		
after **Ш Щ Ж Ч + Ц**	after **Ш Щ Ж Ч + К Г Х + Ц**		
in unaccented suffixes and endings only **Е** [if accented — **О/Ё!**]	only **И** [never **Ы!***]	**А** [never **Я!**]	**У** [never **Ю!**]
уч**е**ник *schoolboy* уч**ё**ный *scientist*	кни**ги** *books* клю**чи** *keys* **Ки**ев *Kiev* **ци**рк *circus*	**ша**р *sphere* **ча**шка *cup* ж**у**к *bug* ш**у**м *noise*	

* except ending of nouns in Plural -**Ы**: зай**цы**, паль**цы**; except words **цы**ган, **цы**плёнок

These words are not capitalized in Russian		
Days of the week	**Months of the year**	**Nationalities**
понедельник *Monday* вторник *Tuesday* среда *Wednesday* четверг *Thursday* пятница *Friday* суббота *Saturday* воскресенье *Sunday*	январь *January* февраль *February* март *March* апрель *April* май *May* июнь *June* июль *July* август *August* сентябрь *September* октябрь *October* ноябрь *November* декабрь *December*	русский *Russian* француз *French* поляк *Pole* болгарин *Bulgarian* канадец *Canadian* немец *German* китаец *Chinese* испанец *Spanish* американец *American*

DERIVATION

Examples

Stem			Ending	Translation
Prefix	**Root**	**Suffix**		
—	уч-	-е-ник-	-и	*schoolboys*
из-	-уч-	-а-	-ть	*to learn*
—	уч-	-е-ниц-	-а	*schoolgirl*
—	мор-	—	-е	*sea*
—	мор-	-ск-	-ой	*maritime*
при-	мор-	-ск-	-ий	*seaside*
	мор-	-як	—	*seaman*
—	дум-	—	-а	*thought*
—	дум-	-а-	-ть	*to think*
при-	дум-	-а-	-ть	*to think up*
—	мир	—	—	*peace*
—	мир-	-н-	-ый	*peaceful*
при-	-мир-	-и-	-ть	*to reconcile*

Main Suffixes of Nouns

Table I

-ТЕЛЬ		-ТОР		-ИСТ		-ИК	
учитель	*teacher*	директор	*director*	журналист	*journalist*	историк	*historian*
водитель	*driver*	доктор	*doctor*	экономист	*economist*	физик	*physicist*
писатель	*writer*	декоратор	*decorator*	артист	*artist*	электрик	*electrician*
строитель	*builder*	ректор	*rector*	пианист	*pianist*	химик	*chemist*

-ЕЦ		-ЛОГ		-АНИН/-ЯНИН		-ОК	
канадец	*Canadian*	биолог	*biologist*	англичанин	*Englishman*	подарок	*gift*
китаец	*Chinese*	филолог	*philologist*	гражданин	*citizen*	кусок	*piece*
украинец	*Ukrainian*	зоолог	*zoologist*	крестьянин	*peasant*	молоток	*hammer*
кубинец	*Cuban*			славянин	*Slav*	глазок	*small eye*

Table II

-СТВ(О)		-ТИ(Е)		-НИ(Е)/-ЕНИ(Е)		-ЦИ(Я)	
детство	*childhood*	развитие	*development*	пение	*singing*	станция	*station*
братство	*brotherhood*	событие	*event*	рисование	*drawing*	традиция	*tradition*
единство	*unity*	прибытие	*arrival*	знание	*knowledge*	революция	*revolution*
дежурство	*duty*			курение	*smoking*	делегация	*delegation*

-ОТ(А)		-ОСТЬ		-ТЕТ		-ИЗМ	
красота	*beauty*	радость	*happiness*	университет	*university*	коммунизм	*communism*
доброта	*kindness*	старость	*oldness*	суверенитет	*sovereignty*	кубизм	*cubism*
темнота	*darkness*	новость	*news*	факультет	*faculty*	плюрализм	*pluralism*
		молодость	*youth*	квартет	*quartet*	модернизм	*modernism*

Diminutive Suffixes of Nouns

REMEMBER!

- There are Russian suffixes, which add the meaning of endearment or diminution.
- The addition of such suffixes is frequently accompanied by an alternation of the preceding consonant.

Gender	Suffix	Example	
Masculine	**-ИК**	дом — дом**ик**	*little house*
		сад — са**дик**	*small garden*
	-ОЧЕК	лист — лист**очек**	*small leaf*
Feminine	**-К-**	рука — ру**чк**а	*little hand*
		река — ре**чк**а	*rivulet*
	-ОЧК-/-ЕЧК-	мама — мам**очк**а	*dear mom*
		Лена — Лен**очк**а	
		ложка — лож**ечк**а	*small spoon*
Neuter	**-Ц(Е)**	дерево — дерев**це**	*small tree*

Main Suffixes of Adjectives

-ИЧЕСК- (+ ending)	**-СК-** (+ ending)	**-ИСТ-** (+ ending)
биоло**гический** *biological* хим**ический** *chemical* физ**ический** *physical* геоло**гический** *geological*	япон**ский** *Japanese* англий**ский** *English* рус**ский** *Russian*	камен**истый** *stony* мяс**истый** *fleshy* пятн**истый** *spoty*
кисл**оватый** *sourish* красн**оватый** *redish* син**еватый** *bluish*	зим**ний** *winter* автобус**ный** *bus* север**ный** *northern*	красн**енький** *nice/little red* нов**енький** *nice/little new*
-ОВАТ- (+ ending) **-ЕВАТ-** (+ ending)	**-Н-** (+ ending)	**-ЕНЬК-** (+ ending) *diminutive suffix*

DIVISION OF WORDS

REMEMBER!

- In Russian, the division of a word at the end of a line depends upon its syllabic structure: a syllable is never divided.

- There are as many syllables in a word as there are vowels.

Rule	Example	
1. A consonant between two vowels goes with the second vowel.	ма-те-ма-ти-ка ка-пи-тан	*mathematics* *captain*
2. Two similar consonants may usually be divided.	Ан-на хок-кей	*Anna* *hockey*
3. If a prefix consists of only one syllable, it cannot be divided.	под-ход-ить при-ход-ить	*to approach* *to come*
4. The words consisted of only one syllable cannot be divided at the end of a line.	банк парк	*bank* *park*
5. A single vowel or any one letter at the beginning or at the end of a word is never separated from the rest of the word.	Аме-ри-ка опе-ра	*America* *opera*

IV. MORPHOLOGY (PARTS OF SPEECH)

NOUNS

Одушевлённые Animate		Неодушевлённые Inanimate	
Кто?	Who?	Что?	What?
мама	*mama*	комната	*room*
студент	*student*	окно	*window*
кот	*cat*	стол	*table*
птица	*bird*	ночь	*night*
друг	*friend*	море	*sea*

Summary Table of Noun Categories

Род	Gender	Падеж	Case	Число	Number
мужской	*Masculine*	Именительный	*Nominative*	единственное	*Singular*
женский	*Feminine*	Родительный	*Genitive*	множественное	*Plural*
средний	*Neuter*	Дательный	*Dative*		
		Винительный	*Accusative*		
		Творительный	*Instrumental*		
		Предложный	*Prepositional*		

E. Ross. Basic Russian in Tables and Diagrams

31

Gender of Nouns

SINGULAR

	Stem	Example		Ending
Masculine (m) **Мужской род**	**Hard**	студент[ ] дом[ ] сапог[ ]	*student* *house* *boot*	**[ ]**
	Soft	словар[ь] музе[й]	*dictionary* *museum*	**[ь]** **[й]**
	Exception	* пап[а] мужчин[а]	*papa* *man*	**[а]** * a small group of these words
Feminine (f) **Женский род**	**Hard**	газет[а] собак[а]	*newspaper* *dog*	**[а]**
	Soft	тёт[я] площад[ь]	*aunt* *square*	**[я]** **[ь]**
	Exception	фамил[ия]	*last name*	**[ия]**
Neuter (n) **Средний род**	**Hard**	окн[о]	*window*	**[о]**
	Soft	мор[е]	*sea*	**[е]**
	Exception	здан[ие] и[мя] вре[мя]	*building* *name* *time*	**[ие]** **[е]**

Generic nouns

сирота	*orphan*
умница	*clever person*
плакса	*cry-baby*
неряха	*sloven*
работяга	*hard worker*

Nouns with Soft Sign

Masculine		**Feminine**	
словарь	*dictionary*	ночь	*night*
учитель	*teacher*	дочь	*daughter*
январь	*January*	мышь	*mouse*
февраль	*February*	гордость	*pride*
апрель	*April*	скорость	*speed*
день	*day*	осень	*autumn*
гусь	*goose*	дверь	*door*
водитель	*driver*	тетрадь	*notebook*
		площадь	*square*

32

Е. Росс. Русский язык в таблицах и схемах

PLURAL

	Stem	Example		Ending
Masculine (m) **Мужской род**	**Hard**	студент[**ы**] стол[**ы**] мужчин[**ы**]	*students* *tables* *men*	**[ы]**
	Soft	словар[**и**] гост[**и**] музе[**и**] геро[**и**] * сапог[**и**]	*dictionaries* *visitors* *museums* *heroes* *boots*	**[и]** * **8-letter** **spelling rule**
	Exception	* дом[**а**]	*houses*	**[а]** * a small group of these words
Feminine (f) **Женский род**	**Hard**	газет[**ы**]	*newspapers*	**[ы]**
	Soft	тёт[**и**] площад[**и**] * собак[**и**]	*aunts* *squares* *dogs*	**[и]** * **7-letter** **spelling rule**
	Exception	фамил[**ии**]	*last names*	**[ии]**
Neuter (n) **Средний род**	**Hard**	окн[**а**]	*windows*	**[а]**
	Soft	мор[**я**]	*seas*	**[я]**
	Exception	здан[**ия**] им[**ена**] врем[**ена**]	*buildings* *names* *times*	**[ия]** **[ена]**

REMEMBER!

In Plural all nouns have the same endings for all genders. Gender in Plural is not important!

Summary Table of Noun Endings

Masculine		Feminine		Neuter	
Singular	**Plural**	**Singular**	**Plural**	**Singular**	**Plural**
[ ] → [ы]		[а] → [ы]		[о] → [а]	
[ь]	[и]	[я]	[и]	[е] → [я]	
[й]		[ь]		* [мя]	[мена]
		* [ия] → [ии]		* [ие] → [ия]	

Nouns used	only in Singular
— names of chemical elements:	
железо	*iron*
медь	*copper*
— names of liquids	
вода	*water*
бензин	*petrol*
— names of food products	
хлеб	*bread*
сахар	*sugar*
— nouns generated from the adjectives and from the verbs:	
старость	*old age*
пение	*singing*
— nouns with the meaning of generalization:	
молодёжь	*youth*
одежда	*clothes*
мебель	*furniture*

Nouns used	only in Plural
дети	*children*
родители	*parents*
очки	*glasses*
ножницы	*scissors*
волосы	*hair*
брюки	*suit pants*
джинсы	*jeans*
шахматы	*chess*
выборы	*elections*
переговоры	*negotiation*
фрукты	*fruit*
сутки	*24 hours*
часы	*watch, clock*
деньги	*money*
каникулы	*vacation*

DECLENSION OF NOUNS

REMEMBER!

- A noun can play several parts in a sentence: it can be the subject of the sentence, the direct or the indirect object of a verb, or the object of a preposition, etc. In Russian, the part a noun plays in a sentence is indicated by its inflectional ending.

- The inflectional forms of nouns are called "cases". Russian has six cases.

- The inflection of nouns according to the sentence of their case form is known as "declension".

Case	Case question	Example
1. Именительный *Nominative*	Кто? Что? *Who? What?*	мама, книга *mama, a book*
2. Родительный *Genitive*	Кого? Чего? *Whom? What?*	узнать **от мамы, из книги** *to find out **from my mom, from a book***
3. Дательный *Dative*	Кому? Чему? *To whom? To what?*	обратиться **к маме, к книге** *to address **to my mom, to a book***
4. Винительный *Accusative*	Кого? Что? *Who? What?* Куда? *Where?*	видеть **маму, книгу** *to see **my mom, a book*** положить **в книгу** *put into **a book***
5. Творительный *Instrumental*	С кем? С чем? *With whom? With what?*	работать **с мамой, с книгой** *to work **with my mom, with a book***
6. Предложный *Prepositional*	О ком? О чём? *About whom? About what?* Где? *Where?*	говорить **о маме, о книге** *to talk **about my mom, about a book*** быть **в комнате** *to be **in a room***

SINGULAR

Nominative Case

	Masculine		Neuter		Feminine	
	Hard stem	**Soft stem**	**Hard stem**	**Soft stem**	**Hard stem**	**Soft stem**
Кто? *Who?*	кот[ ] *cat*	гост[ь] *visitor*	—	—	мам[а] *mama*	тёт[я] *aunt*
Что? *What?*	стол[ ] *table*	музе[й] *museum*	окн[о] *window*	плать[е] *dress*	машин[а] *car*	кухн[я] *kitchen*
						площад[ь] *square*
				*здан[ие] *building*		*Росс[ия] *Russia*

Genitive Case

	Masculine		Neuter		Feminine	
	Hard stem	**Soft stem**	**Hard stem**	**Soft stem**	**Hard stem**	**Soft stem**
Кого? *Whom?*	кот[а] *cat*	гост[я] *visitor*	—	—	мам[ы] *mama*	тёт[и] *aunt*
Чего? *What?*	стол[а] *table*	музе[я] *museum*	окн[а] *window*	плать[я] *dress*	машин[ы] *car*	кухн[и] *kitchen*
						площад[и] *square*
				*здан[ия] *building*		*Росс[ии] *Russia*

Dative Case

	Masculine		Neuter		Feminine	
	Hard stem	**Soft stem**	**Hard stem**	**Soft stem**	**Hard stem**	**Soft stem**
Кому? *To whom?*	кот[у] *cat*	гост[ю] *visitor*	—	—	мам[е] *mama*	тёт[е] *aunt*
Чему? *To what?*	стол[у] *table*	музе[ю] *museum*	окн[у] *window*	плать[ю] *dress*	машин[е] *car*	кухн[е] *kitchen*
						площад[и] *square*
				*здан[ию] *building*		*Росс[ии] *Russia*

Accusative Case

	Masculine		Neuter		Feminine	
	Hard stem	**Soft stem**	**Hard stem**	**Soft stem**	**Hard stem**	**Soft stem**
Кого? *Who?*	кот[а] *cat*	гост[я] *visitor*	—	—	мам[у] *mama*	тёт[ю] *aunt*
Что? *What?*	стол[ ] *table*	музе[й] *museum*	окн[о] *window*	плать[е] *dress*	машин[у] *car*	кухн[ю] *kitchen*
						площад[ь] *square*
				*зддан[ие] *building*		*Росс[ию] *Russia*

Instrumental Case

	Masculine		Neuter		Feminine	
	Hard stem	**Soft stem**	**Hard stem**	**Soft stem**	**Hard stem**	**Soft stem**
Кем? *Who?*	кот[ом] *cat*	гост[ем] *visitor*	—	—	мам[ой] *mama*	тёт[ей] *aunt*
Чем? *What?*	стол[ом] *table*	музе[ем] *museum*	окн[ом] *window*	плать[ем] *dress*	машин[ой] *car*	кухн[ей] *kitchen*
						площад[ью] *square*
				*зддан[ием] *building*		*Росс[ией] *Russia*

Prepositional Case

	Masculine		Neuter		Feminine	
	Hard stem	**Soft stem**	**Hard stem**	**Soft stem**	**Hard stem**	**Soft stem**
О ком? *About who?*	кот[е] *cat*	гост[е] *visitor*	—	—	мам[е] *mama*	тёт[е] *aunt*
О чём? *About what?*	стол[е] *table*	музе[е] *museum*	окн[е] *window*	плать[е] *dress*	машин[е] *car*	кухн[е] *kitchen*
						площад[и] *square*
				*зддан[ии] *building*		*Росс[ии] *Russia*

Summary Table of Noun Endings in Singular

	Masculine		Feminine			Neuter		
Nominative	стол[ ]	гост[ь]	мам[а]	тёт[я]	*Росс[ия]	окн[о]	плать[е]	*здан[ие]
Genitive	стол[а]	гост[я]	мам[ы]	тёт[и]	*Росс[ии]	окн[а]	плать[я]	*здан[ия]
Dative	стол[у]	гост[ю]	мам[е]	тёт[е]	*Росс[ии]	окн[у]	плать[ю]	*здан[ию]
Accusative	стол[ ]	гост[я]	мам[у]	тёт[ю]	*Росс[ию]	окн[о]	плать[е]	*здан[ие]
Instrumental	стол[ом]	гост[ем]	мам[ой]	тёт[ей]	*Росс[ией]	окн[ом]	плать[ем]	*здан[ием]
Prepositional	стол[е]	гост[е]	мам[е]	тёт[е]	*Росс[ии]	окн[е]	плать[е]	*здан[ии]

Indeclinable Nouns

пальто	*coat*
кино	*cinema*
метро	*underground*
бюро	*bureau*
радио	*radio*
шоссе	*highway*
такси	*taxi*
интервью	*interview*

PLURAL

Nominative Case

	Masculine		Neuter		Feminine	
	Hard stem	**Soft stem**	**Hard stem**	**Soft stem**	**Hard stem**	**Soft stem**
Кто? *Who?*	кот[ы] *cats*	гост[и] *visitors*	—	—	мам[ы] *moms*	тёт[и] *aunts*
Что? *What?*	стол[ы] *tables*	музе[и] *museums*	окн[а] *windows*	плать[я] *dresses* *им[ена] *names* *здан[ия] *buildings*	машин[ы] *cars*	кухн[и] *kitchens* площад[и] *squares* *фамил[ии] *last names*

Genitive Case

	Masculine		Neuter		Feminine	
	Hard stem	**Soft stem**	**Hard stem**	**Soft stem**	**Hard stem**	**Soft stem**
Кого? *Whom?*	кот[ов] *cats*	гост[ей] *visitors*	—	—	мам[ ] *moms*	тёт[ь] *aunts*
Чего? *What?*	стол[ов] *tables*	музе[ев] *museums*	окон[ ] *windows*	плать[ев] *dresses* *им[ён] *names* *здан[ий] *buildings*	машин[ ] *cars*	кухон[ь] *kitchens* площад[ей] *squares* *фамил[ий] *last names*

Dative Case

	Masculine		Neuter		Feminine	
	Hard stem	**Soft stem**	**Hard stem**	**Soft stem**	**Hard stem**	**Soft stem**
Кому? *To whom?*	кот[ам] *cats*	гост[ям] *visitors*	—	—	мам[ам] *moms*	тёт[ям] *aunts*
Чему? *To what?*	стол[ам] *tables*	музе[ям] *museums*	окн[ам] *windows*	плать[ям] *dresses* *им[енам] *names* *здан[иям] *buildings*	машин[ам] *cars*	кухн[ям] *kitchens* площад[ям] *squares* *фамил[иям] *last names*

Accusative Case

	Masculine		Neuter		Feminine	
	Hard stem	Soft stem	Hard stem	Soft stem	Hard stem	Soft stem
Кого? *Who?*	кот[ов] *cats*	гост[ей] *visitors*	—	—	мам[ ] *moms*	тёт[ь] *aunts*
Что? *What?*	стол[ы] *tables*	музе[и] *museums*	окн[а] *windows*	плать[я] *dresses*	машин[ы] *cars*	кухн[и] *kitchens*
				*им[ена] *names*		площад[и] *squares*
				*здан[ия] *buildings*		*фамил[ии] *last names*

Instrumental Case

	Masculine		Neuter		Feminine	
	Hard stem	Soft stem	Hard stem	Soft stem	Hard stem	Soft stem
Кем? *Who?*	кот[ами] *cats*	гост[ями] *visitors*	—	—	мам[ами] *moms*	тёт[ями] *aunts*
Чем? *By whom?*	стол[ами] *tables*	музе[ями] *museums*	окн[ами] *windows*	плать[ями] *dresses*	машин[ами] *cars*	кухн[ями] *kitchens*
				*им[енами] *names*		площад[ями] *squares*
				*здан[иями] *buildings*		*фамил[иями] *last names*

Prepositional Case

	Masculine		Neuter		Feminine	
	Hard stem	Soft stem	Hard stem	Soft stem	Hard stem	Soft stem
О ком? *About who?*	кот[ах] *cats*	гост[ях] *visitors*	—	—	мам[ах] *moms*	тёт[ях] *aunts*
О чём? *About whom?*	стол[ах] *tables*	музе[ях] *museums*	окн[ах] *windows*	плать[ях] *dresses*	машин[ах] *cars*	кухн[ях] *kitchens*
				*им[енах] *names*		площад[ях] *squares*
				*здан[иях] *buildings*		*фамил[иях] *last names*

Summary Table of Noun Endings in Plural

	Masculine		Feminine			Neuter		
Nominative	стол[ы]	гост[и]	мам[ы]	тёт[и]	*фамил[ии]	окн[а]	плать[я]	*здан[ия]
Genitive	стол[ов]	гост[ей]	мам[ ]	тёт[ь]	*фамил[ий]	окон[ ]	плать[ев]	*здан[ий]
Dative	стол[ам]	гост[ям]	мам[ам]	тёт[ям]	*фамил[иям]	окн[ам]	плать[ям]	*здан[иям]
Accusative	стол[ы]	гост[ей]	мам[ ]	тёт[ь]	*фамил[ии]	окн[а]	плать[я]	*здан[ия]
Instrumental	стол[ами]	гост[ями]	мам[ами]	тёт[ями]	*фамил[иями]	окн[ами]	плать[ями]	*здан[иями]
Prepositional	стол[ах]	гост[ях]	мам[ах]	тёт[ях]	*фамил[иях]	окн[ах]	плать[ях]	*здан[иях]

REMEMBER!

Nouns **имя, время** add to stem -ен- in all forms befor ending!

E. Ross. Basic Russian in Tables and Diagrams

41

Irregular Nominative Plural

Masculine Stressed Ending -а/-я		
дом *(house)* — дома	доктор *(doctor)* — доктора	учитель *(teacher)* — учителя
город *(town)* — города	профессор *(professor)* — профессора	
берег *(shore)* — берега	директор *(director)* — директора	
остров *(island)* — острова	номер *(number)* — номера	
вечер *(evening)* — вечера	паспорт *(passport)* — паспорта	
поезд *(train)* — поезда	свитер *(sweater)* — свитера	
глаз *(eye)* — глаза	голос *(voice)* — голоса	

Masculine and Neuter Ending -ья		
брат *(brother)* — братья	сын *(son)* — сыновья	дерево *(tree)* — деревья
лист *(leaf)* — листья	муж *(husband)* — мужья	перо *(feather)* — перья
стул *(chair)* — стулья	друг *(friend)* — друзья	

Masculine Ending -е
англичанин *(Englishman)* — англичане
гражданин *(citizen)* — граждане
крестьянин *(peasant)* — крестьяне

Special Plural Form
человек — люди *(person — people)*
ребёнок — дети *(child — children)*

USAGE of CASES

Genitive Case Usage

Meaning	Example
1. Appears after **у** to indicate "have" — expresses ownership, existence, and presence.	У Ивана книга. = Книга у Ивана. *Ivan has a book. (Not literal, but grammar translation: There is a book at Ivan.)*
2. Is used in connection with **нет** to indicate nonexistence or absence.	У Ивана нет книги. *Ivan has no a book.*
3. Indicates possession or notion "of".	Это дом Елены. *This is Elena's house.* Это фото Натальи. *This is a photograph of Natalia.*
4. Indicates "at someone's place".	Мы живём у мамы. *We live at my mom's (house).*
5. Follows the number **2, 3,** or **4**.	два брата — *two brothers* / три стола — *three tables* / четыре сестры — *four sisters*
6. Is used in a partitive sense — denoting a part of divisible matter, with words meaning quantity.	много воды — *much water* / мало мяса — *some meat* / кусочек хлеба — *a piece of bread* / стакан молока — *a glass of milk*
7. Is used after words denoting measure.	килограмм риса — *kilo of rice* / литр молока — *liter of milk*

Prepositions with Genitive Case   ПРЕДЛОГИ → prepositions

Preposition		Example	
у	*at*	у Зины	*at Zina's place*
без	*without*	без книги	*without a book*
для	*for*	для мальчика	*for the boy*
из	*from, out of (place)*	из России	*from Russia*
от	*from (person, place)* away from	от брата	*from the brother*
до	*until, up to*	до обеда	*until dinner*
после	*after*	после обеда	*after dinner*

с/со – from (up from)

Dative Case Usage

Meaning	Example
1. Is used to express age.	Ольге 16 лет. *Olga is 16 years old.*
2. Is used for indirect objects.	Я дарю Анне книгу. *I give Anna a book as a gift.*
3. Is used after the preposition **по**.	Кто ты по профессии? *What is your profession?*
4. Is used with the words **надо** and **нужно** to express necessity and with **можно** to express possibility.	Пауле надо учиться. *Paula has to learn.* Студенту нужно работать. *This student has to work.* Можно мне войти? *May I come in?*

Accusative Case Usage

Meaning	Example	
1. Is used to denote the direct object of transitive verb. A transitive verb transmits an action from its subject to the direct object of the action.	читать журнал писать письмо покупать книгу	*to read a magazine* *to write a letter* *to buy a book*
2. Is used to denote the place toward which the action is directed. It is used with verbs of motion.	идти в банк ехать в Москву	*to go to the bank* *to go to Moscow*

Comparative Table № 1

КУДА? *Where? (direction)*	
в/на + Accusative	**к + Dative**
Мы идём в театр. *We are going to the theatre.*	Мы идем к театру. *We are going towards the theatre.*

Instrumental Case Uses

Meaning	Example	
1. Is used to denote the instrument of action.	писать <u>ручкой</u>	*to write with a pen (by means of a pen)*
2. Is used in sense 'together with, along with, accompanied by, or with... added to it'.	говорить <u>с другом</u> чай <u>с молоком</u>	*to speak with a friend* *a cup of tea with milk*
3. Is used after preposition **над**, **под**, **между**, and **перед**.	<u>над столом</u> <u>перед концертом</u>	*over the table* *before the concert*

Prepositional Case Uses

Meaning	Example	
1. Is used in connection with verbs denoting mental activity (**to talk, to think, to write**, etc.) orwith noun denoting the result or the product of such activity (**a talk, a thought, a book**, etc.).	думать <u>о работе</u> разговор <u>о школе</u>	*to think about work* *a talk about school*
2. Is used with verbs denoting position, rest, or an action, which occur or goes on or a place.	жить <u>в доме</u> быть <u>на лекции</u> Книга лежит <u>на столе</u>.	*to live in a house* *to be at a lecture* *The book is on the desk.*

Prepositional (Locative) Case with Stressed Ending -у

ГДЕ? Where? *(location)*			
в		**на**	
в лесу	*in the wood*	на берегу	*on the coast*
в саду	*in the garden*	на мосту	*on the bridge*
в шкафу	*in the closet*	на полу	*on the floor*
в порту	*in the port*	на льду	*on ice*

Comparative Table № 2

ГДЕ? *Where? (location)*	КУДА? *Where? (direction)*	ОТКУДА? *Where from?*
в + Prepositional	**в + Accusative**	**из + Genitive**
в городе	в город	из города
в центре	в центр	из центра
в университете	в университет	из университета
в институте	в институт	из института
в классе	в класс	из класса
в театре	в театр	из театра
в цирке	в цирк	из цирка
в клубе	в клуб	из клуба
в музее	в музей	из музея
в магазине	в магазин	из магазина
в стране	в страну	из страны
в школе	в школу	из школы
в библиотеке	в библиотеку	из библиотеки
в аптеке	в аптеку	из аптеки
в больнице	в больницу	из больницы
в гостинице	в гостиницу	из гостиницы
в лаборатории	в лабораторию	из лаборатории
в консерватории	в консерваторию	из консерватории
в аудитории	в аудиторию	из аудитории
в общежитии	в общежитие	из общежития
в здании	в здание	из здания
в кино	в кино	из кино
в метро	в метро	из метро

Comparative Table № 3

ГДЕ? *Where? (location)*	КУДА? *Where? (direction)*	ОТКУДА? *Where from?*
на + Prepositional	**на + Accusative**	**с + Genitive**
на курсе	на курс	с курса
на уроке	на урок	с урока
на факультете	на факультет	с факультета
на экзамене	на экзамен	с экзамена
на вечере	на вечер	с вечера
на стадионе	на стадион	со стадиона
на балете	на балет	с балета
на футболе	на футбол	с футбола
на концерте	на концерт	с концерта
на вокзале	на вокзал	с вокзала
на митинге	на митинг	с митинга
на севере	на север	с севера
на юге	на юг	с юга
на западе	на запад	с запада
на востоке	на восток	с востока
на заводе	на завод	с завода
на родине	на родину	с родины
на работе	на работу	с работы
на выставке	на выставку	с выставки
на почте	на почту	с почты
на улице	на улицу	с улицы
на лекции	на лекцию	с лекции
на экскурсии	на экскурсию	с экскурсии
на конференции	на конференцию	с конференции
на занятии	на занятие	с занятия
на собрании	на собрание	с собрания

PRONOUNS

┌─ **REMEMBER!** ──

- Russian pronouns decline and agree with the nouns they modify or replace.

Categories (Groups) of Pronouns

1. Personal	я, ты, мы, вы, он, она, оно, они *I, you, we, you, he, she, it, they*
2. Interrogative	кто, что — *who, what* какой — *what* который — *which* чей, чьё, чья, чьи — *whose* сколько — *how much*
3. Reflexive	себя — *oneself*
4. Possessive	мой, твой, наш, его, её, их, свой *my, yours, ours, his, her, their, one's own*
5. Demonstrative	этот, эта, это, эти — *this, these* тот, та, те — *that, those* такой, такая, такое, такие — *such*
6. Definitive	весь, вся, всё, все — *whole, all* каждый — *every, each, everyone*
7. Negative	никто, ничто, нигде, никогда — *no/anybody, no/anything,* никакой, ничей — *any/nobody's*
8. Indefinite	кто-то, что-то, какой-то, кто-нибудь, — *someone, something, some,* что-нибудь, какой-нибудь, некто, — *any* нечто, некий, негде, некогда

┌─ **REMEMBER!** ──

The Pronoun Declension Rule

- The nominative-accusative case endings of pronouns are the same as the nominative-accusative endings of nouns:

он[ ]	он**а**	он**о**	он**и**
мой[ ]	мо**я**	мо**ё**	мо**и**
дом[ ]	книг**а**	окн**о**	книг**и**

- The remaining pronominal endings are the same as the remaining adjective endings:

[**его**]	е**ё**	[**его**]	**их**
мо[**его**]	мо**ей**	мо**его**	мо**их**
син[**его**]	син**ей**	син**его**	син**их**

PERSONAL PRONOUNS

- There is important difference between the 2ⁿᵈ person singular **ТЫ** and the 2ⁿᵈ person plural **ВЫ**.

  ТЫ (you) is an informal or intimate form of address. It is used when addressing a member of one's family, a child, or a close friend.

  ВЫ (you) is used when addressing more than one person; it is also used when addressing one person in the polite form.

	Singular		Plural	
1ˢᵗ person	**я**	*I*	**мы**	*we*
2ⁿᵈ person	**ты**	*you*	**вы**	*you*
3ʳᵈ person	**он, она, оно**	*he, she, it*	**они**	*they*

Declension of Personal Pronouns in the 1ˢᵗ and the 2ⁿᵈ persons

Case	1-st person		2-nd person	
Nom.	я	мы	ты	вы
Acc.	меня	нас	тебя	вас
Gen.	меня	нас	тебя	вас
Dat.	мне	нам	тебе	вам
Instr.	мной (мною)	нами	тобой (тобою)	вами
Prep.	обо мне	о нас	о тебе	о вас

Examples

Я видела Сашу.	*I saw Sasha.*	Nom.
У меня есть друг Саша.	*I have friend Sasha.*	Gen.
Саша помог **мне**.	*Sasha helped me.*	Dat.
Саша видел **меня**.	*Sasha saw me.*	Acc.
Саша говорил **со мной**.	*Sasha talked to/with me.*	Instr.
Саша думал **обо мне**.	*Sasha thought about me.*	Prep.

Declension of Personal Pronouns in the 3rd person

REMEMBER!

- Unlike in English, the Russian pronouns **он** and **она** may replace not only nouns denoting animate beings, but also nouns denoting inanimate objects if they belong to the masculine or feminine gender.

- Pronouns **он** and **оно** have the same forms in Acc.—Prep. Sing.

Case	Singular			Plural
	M	**N**	**F**	
Nom.	он	оно	она	они
Acc.	его		её	их
Gen.	его		её	их
Dat.	ему		ей	им
Instr.	им		ей	ими
Prep.	о нём		о ней	о них

Examples

Он видел Сашу. **Она** видела Сашу. **Они** видели Сашу.	*He saw Sasha.* *She saw Sasha.* *They saw Sasha.*	**Nom.**
<u>У</u> **н**его/**н**её/**н**их есть друг Саша.	*I/they have (He/shi has) a friend Sasha.*	**Gen.**
Саша помог **ему/ей/им**.	*Sasha helped him/it/her/them.*	**Dat.**
Саша видел **его/её/их**.	*Sasha saw him/it/her/them.*	**Acc.**
Саша говорил <u>с</u> **н**им/**н**ей/**н**ими.	*Sasha talked to/with him/it/her/them.*	**Instr.**
Саша думал <u>о</u> **н**ём/**н**ей/**н**их.	*Sasha thought about him/it/her/them.*	**Prep.**

INTERROGATIVE PRONOUNS

REMEMBER!

- We use interrogative pronouns to ask questions. There are several types of them.

Declension of Interrogative Pronouns *КТО? ЧТО?*

Nom.	кто?	что?
Acc.	кого?	что?
Gen.	кого?	чего?
Dat.	кому?	чему?
Instr.	кем?	чем?
Prep.	о ком?	о чём?

Declension of Interrogative Pronouns *КАКОЙ?* (What?)

REMEMBER!

- This pronoun is used in a question about quality of a subject or about a subject. For example,
Какой у вас сад? *What garden do you have?*
Какие фильмы вы видели? *What films did you see?*

Case	Singular			Plural for all genders
	M	**N**	**F**	
Nom.	какой?	какое?	какая?	какие?
Acc.	какой? какого?	какое?	какую?	какие? каких?
Gen.	какого?		какой?	каких?
Dat.	какому?		какой?	каким?
Instr.	каким?		какой?	какими?
Prep.	о каком?		о какой?	о каких?

Declension of Interrogative Pronouns *КОТОРЫЙ* (Which?)

REMEMBER!

- This pronoun denotes a subject under the order or specifies one subject from the others. For example, **Который час?** *What's the time?*

Case	Singular			Plural for all genders
	M	N	F	
Nom.	который?	которое?	которая?	которые?
Acc.	который? которого?	которое?	которую?	которые? которых?
Gen.	которого?			которых?
Dat.	которому?	которой?		которым?
Inst.	которым?			которыми?
Prep.	о котором?	(о) которой?		о которых?

Declension of Interrogative Pronouns *ЧЕЙ? ЧЬЁ? ЧЬЯ?* (Whose?)

REMEMBER!

- The answer to the interrogative pronoun **ЧЕЙ? ЧЬЁ? ЧЬЯ?** must always be a personal pronoun: **мой, твой, его, её, наш, ваш, их**.

Case	Singular			Plural for all genders
	M	N	F	
Nom.	чей?	чьё?	чья?	чьи?
Acc.	чей? чьего?	чьё?	чью?	чьи? чьих?
Gen.	чьего?		чьей?	чьих?
Dat.	чьему?		чьей?	чьим?
Instr.	чьим?		чьей?	чьими?
Prep.	о чьём?		о чьей?	о чьих?

Examples

Чей словарь?	*Whose dictionary is that?*
Чьи книги?	*Whose books are these?*

REFLEXIVE PRONOUN

REMEMBER!

- The reflexive pronoun **себя** 'oneself', is used as the object of a transitive verb when the object denotes the same person as the subject.

- **Себя** is used for all three persons, both in singular and in plural.

Declension of Reflexive Pronoun *СЕБЯ* (-self)

Nom.	—
Acc.	себя
Gen.	себя
Dat.	себе
Instr.	собой (собою)
Prep.	о себе

Examples

Gen.	Он сейчас у себя в комнате.	*He is in his room right now.*
Dat.	Она купила себе подарок.	*She bought herself a present.*
Acc.	Он видел себя в зеркало.	*He saw himself in the mirror.*
Instr.	Она довольна собой.	*She is satisfied with herself.*
Prep.	Они думают только о себе.	*They think only about themselves.*

Specific Russian Constructions with *СЕБЯ*

Я пойду к себе.	*I will go to my place.*
Они едут к себе на родину.	*They are going to their native land.*
Декан у себя.	*The dean is in his room.*
Он работает у себя в кабинете.	*He is working in his office.*

POSSESSIVE PRONOUNS

я	мой, моё, моя, мои	*my*
ты	твой, твоё, твоя, твои	*your*
он, она	его, её	*his, her*
мы	наш, наше, наша, наши	*our*
вы	ваш, ваше, ваша, ваши	*your*
они	их	*their*

REMEMBER!

• The possessive pronouns in the 3ʳᵈ person **его**, **её**, and **их** are not declined.

Declension of Possessive Pronouns in the 1ˢᵗ & 2ⁿᵈ Persons

Case	1ˢᵗ person				2ⁿᵈ person			
	M	N	F	Pl	M	N	F	Pl
Nom.	мой	моё	моя	мои	твой	твоё	твоя	твои
Acc.	inanim. = Nom., anim. = Gen.		мою	inanim. = Nom., anim. = Gen.			твою	inanim. = Nom., anim. = Gen.
Gen.	моего		моей	моих	твоего		твоей	твоих
Dat.	моему	моей		моим	твоему			твоим
Instr.	моим			моими	твоим			твоими
Prep.	о моём		о моей	о моих	о твоём		о твоей	о твоих

Case	1ˢᵗ person				2ⁿᵈ person			
	M	N	F	Pl	M	N	F	Pl
Nom.	наш	наше	наша	наши	ваш	ваше	ваша	ваши
Acc.	inanim. = Nom., anim. = Gen.		нашу	inanim. = Nom., anim. = Gen.			вашу	inanim. = Nom., anim. = Gen.
Gen.	нашего		нашей	наших	вашего		вашей	ваших
Dat.	нашему	нашей		нашим	вашему			вашим
Instr.	нашим			нашими	вашим			вашими
Prep.	о нашем		о нашей	о наших	о вашем		о вашей	о ваших

DEMONSTRATIVE PRONOUNS

REMEMBER!

- The demonstrative pronouns **этот** (this) and **тот** (that) agree with the noun they qualify in gender and number, just as possessive pronouns do.

Declension of Demonstrative Pronouns
ЭТОТ, ЭТО, ЭТА, ЭТИ (this/these)

Case	Singular			Plural for all genders
	M	**N**	**F**	
Nom.	этот	это	эта	эти
Acc.	inanim. = Nom., anim. = Gen.		эту	inanim. = Nom., anim. = Gen.
Gen.	этого		этой	этих
Dat.	этому			этим
Instr.	этим			этими
Prep.	о этом		о этой	о этих

Comparative Table № 1

Russian	English	Russian	English
Это студент.	*This is a student.*	**Этот** студент работает.	*This student is working.*
Это студентка.	*This is a student.*	**Эта** студентка читает.	*This student is reading.*
Это окно.	*This is a window.*	**Это** окно справа.	*This window is on the right.*
Это студенты.	*These are students.*	**Эти** студенты пишут.	*These students are writing.*

Comparative Table № 2

Russian	English	Russian	English
Это мой кот.	*This is my cat.*	**Этот** кот — мой.	*This (one) cat is mine.*
Это моя собака.	*This is my dog.*	**Эта** собака — моя.	*This (one) dog is mine.*
Это мои книги.	*These are my books.*	**Эти** книги — мои.	*These books are mine.*

Declension of Demonstrative Pronouns
TOT, TO, TA, TE (that/those)

Case	Singular			Plural for all genders
	M	**N**	**F**	
Nom.	тот	то	та	те
Acc.	inanim. = Nom., anim. = Gen.		ту	inanim. = Nom., anim. = Gen.
Gen.	того		той	тех
Dat.	тому			тем
Instr.	тем			теми
Prep.	о том		о той	о тех

Examples

Этот дом старый, а **тот** (дом) новый.	*This house is old, and that one (house) is new.*
В **то** время он любил играть в хоккей.	*In that time, he liked to play hockey.*

Declension of Demonstrative Pronouns
ТАКОЙ, ТАКАЯ, ТАКОЕ, ТАКИЕ (such, so)

Case	Singular			Plural for all genders
	M	**N**	**F**	
Nom.	такой	такое	такая	такие
Acc.	inanim. = Nom., anim. = Gen.		такую	inanim. = Nom., anim. = Gen.
Gen.	такого		такой	таких
Dat.	такому			таким
Instr.	таким			такими
Prep.	о таком		о такой	о таких

Examples

Он такой интересный человек.	*He is so interesting person.*
Мне нравится такая погода.	*I like such weather.*

DEFINITIVE PRONOUNS

Declension of Definitive Pronouns *ВЕСЬ, ВСЁ, ВСЯ, ВСЕ* (whole, all)

Case	Singular			Plural for all genders
	M	**N**	**F**	
Nom.	весь	всё	вся	все
Acc.	inanim. = Nom., anim. = Gen.		всю	всех все
Gen.	всего			всех
Dat.	всему		всей	всем
Instr.	всем			всеми
Prep.	обо всём		о всей	обо всех

Examples

<u>весь</u> день	*the whole day*
<u>вся</u> аудитория	*the whole lecture-room*
<u>всё</u> упражнение	*the whole exercise*
<u>все</u> деревья	*all the trees*

Specific Russian Constructions with Pronoun *ВСЁ, ВСЕ*

<u>Всё</u> прошло.	*Everything has passed.*
<u>Все</u> были там.	*Everybody was there.*
Я думаю <u>обо всём</u>.	*I think about everything.*

NEGATIVE PRONOUNS

REMEMBER!

- Russian allows multiple negatives such as **Я никогда ничего нигде не** вижу. "I don't never see nothing nowhere" or, grammatically, "I don't ever see anything anywhere". In fact, Russian requires that if the verb is negated, all the indefinite pronouns should be negative.

Some Negative Pronouns

Russian	English
ничто (ничего)	*nothing*
никто (никого)	*no one, nobody*
никакой	*no, not...any*
ничей	*nobody's*
нигде	*nowhere*
никуда	*to nowhere*
ниоткуда	*from nowhere*

Declension of Negative Pronouns *НИКТО* and *НИЧТО*

Nom.	НИКТО	НИЧТО
Gen.	никого, ни у кого	ничего, ни у чего
Dat.	никому, ни к кому	ничему, ни к чему
Acc.	никого	ничто
Instr.	никем, ни с кем	ничем, ни с чем
Prep.	ни о ком	ни о чём

Examples

Никто не пришёл.	*Nobody has come.*
Саша никуда не ходил вчера.	*Sasha did not go anywhere yesterday.*
Я никого не видел.	*I saw nobody.*
Она ничего не сказала.	*She says nothing.*

INDEFINITE PRONOUNS

Suffix -то		Suffix -нибудь		Suffix -либо	
что-то	*something*	что-нибудь	*anything*	что-либо	*anything*
кто-то	*somebody*	кто-нибудь	*anybody*	кто-либо	*anybody*
чей-то	*somebody's*	чей-нибудь	*anybody's*	чей-либо	*anybody's*
какой-то	*some kind*	какой-нибудь	*any kind*	какой-либо	*any kind*
как-то	*somehow*	как-нибудь	*anyhow*	как-либо	*anyhow*
где-то	*somewhere*	где-нибудь	*anywhere*	где-либо	*anywhere*

Examples

<u>Кто-нибудь</u> дома?	*Is anybody at home?* (anyone, any person)
Ольга <u>что-то</u> делает.	*Olga is doing something.* (definite because she knows what it is even though I do not)
Он живёт <u>где-то</u> в городе.	*He lives somewhere in the city.* (definite because he knows where it is even though I do not)

RUSSIAN ADJECTIVES

REMEMBER!

- Adjectives are words denoting the qualities or properties of objects, and they answer the questions: **КАКОЙ? ЧЕЙ?** *(What? Whose?)*
- Russian adjectives have the categories of gender, case, and number, and they can have full and short forms.

Summary Table of Adjective Categories

Gender	Case		Number	
мужской *Masculine*	Именительный	*Nominative*	единственное	*Singular*
женский *Feminine*	Родительный	*Genitive*	множественное	*Plural*
средний *Neuter*	Дательный	*Dative*		
	Винительный	*Accusative*		
	Творительный	*Instrumental*		
	Предложный	*Prepositional*		

Gender and Number of Full Adjectives

Gender	Singular	Plural for all genders
M	новый русский	новые русские
N	новое русское	
F	новая русская	

Types of Full Adjective Stems

Gender	Stress on stem				Stress on ending	Endings
	Hard stem	Soft stem	Stem ends in			
			Г, К, Х	Ж, Ш, Щ, Ч		
M	но́вый	си́ний	ру́сский	хоро́ший	большо́й	-ый, -ий, -ой
N	но́вое	си́нее	ру́сское	хоро́шее	большо́е	-ое, -ее
F	но́вая	си́няя	ру́сская	хоро́шая	больша́я	-ая, -яя

- It is very important in Russian to pay attention to the question, because question word usually helps you to put the right ending of an adjective:

Какой это журнал? — Это больш**ой** журнал.

Какая это книга? — Это нов**ая** книга.

CASE SYSTEM OF FULL ADJECTIVES

Case	Masculine		Neuter		Feminine		Plural for all genders	
	Hard	Soft	Hard	Soft	Hard	Soft	Hard	Soft
Nom.	нов**ый**	син**ий**	нов**ое**	син**ее**	нов**ая**	син**яя**	нов**ые**	син**ие**
Gen.	нов**ого**	син**его** =	нов**ого**	син**его**	нов**ой**	син**ей**	нов**ых**	син**их**
Dat.	нов**ому**	син**ему** =	нов**ому**	син**ему**	нов**ой**	син**ей**	нов**ым**	син**им**
Acc.	inanim. = Nom., anim. = Gen.				нов**ую**	син**юю**	inanim. = Nom., anim. = Gen.	
Instr.	нов**ым**	син**им** =	нов**ым**	син**им**	нов**ой**	син**ей**	нов**ыми**	син**ими**
Prep.	о нов**ом**	о син**ем** =	о нов**ом**	о син**ем**	о нов**ой**	о син**ей**	о нов**ых**	о син**их**

Often Used Adjectives with Soft Ending -*ИЙ*

летний	*summer (adj.)*	верхний	*top (adj.)*
зимний	*winter (adj.)*	нижний	*bottom (adj.)*
весенний	*spring (adj.)*	ближний	*near (adj.)*
осенний	*autumn (adj.)*	дальний	*distant*
утренний	*morning (adj.)*	соседний	*neighbouring*
вечерний	*evening (adj.)*	средний	*middle*
ранний	*early (adj.)*	последний	*last*
поздний	*late (adj.)*	древний	*ancient*
вчерашний	*yesterday's*	домашний	*home (adj.)*
сегодняшний	*today's*	лишний	*superfluous*
завтрашний	*tomorrow's*	синий	*blue*

ADJECTIVES AND NOUNS AGREEMENT

Case	Masculine		Neuter		Feminine		Plural for all genders	
	Hard	Soft	Hard	Soft	Hard	Soft	Hard	Soft
Nom.	новый стол[ ]	синий словарь	новое окно	синее платье	новая машина	синяя кухня	новые столы	синие словари
Gen.	нового стола	синего словаря	нового окна	синего платья	новой машины	синей кухни	новых столов	синих словарей
Dat.	новому столу	синему словарю	новому окну	синему платью	новой машине	синей кухне	новым столам	синим словарям
Acc.	inanim. = Nom., anim. = Gen.				новую машину	синюю кухню	inanim. = Nom., anim. = Gen.	
Instr.	новым столом	синим словарём	новым окном	синим платьем	новой машиной	синей кухней	новыми столами	синими словарями
Prep.	о новом столе	о синем словаре	о новом окне	о синем платье	о новой машине	о синей кухне	о новых столах	о синих словарях

Often Used Adjectives Naming Colours

чёрный	black
белый	white
красный	red
оранжевый	orange
жёлтый	yellow
зелёный	green
голубой	light-blue
синий	blue
фиолетовый	violet, purple
серый	grey
коричневый	brown

Adjective Antonyms

Russian pair		English pair	
трудный	лёгкий	*difficult*	*easy*
новый	старый	*new*	*old*
молодой	старый	*young*	*old*
большой	маленький	*big*	*small*
толстый	тонкий	*thick*	*thin*
широкий	узкий	*wide*	*narrow*
высокий	низкий	*high, tall*	*low*
быстрый	медленный	*fast*	*slow*
сильный	слабый	*strong*	*weak*
добрый	злой	*kind*	*cruel, wicked*
умный	глупый	*clever*	*silly, stupid*
здоровый	больной	*healthy*	*sick*
весёлый	грустный	*cheerful*	*sad*
богатый	бедный	*rich*	*poor*
трусливый	смелый	*cowardly*	*courageous*
дорогой	дешёвый	*expensive*	*cheap*
холодный	горячий	*cold*	*hot*
твёрдый	мягкий	*firm/hard*	*soft*
грязный	чистый	*dirty*	*clean*

COMPARE!

Adj.	Sub./Adj.
Это русский мальчик.	Он — русский.
It is a Russian boy.	*He is Russian.*

Examples

Adj.		Sub./Adj.	
столовая комната	*(a dining-room)*	Это столовая.	*(It is a dining-room.)*
ванная комната	*(a bathroom)*	Это ванная.	*(It is a bathroom.)*
учёный человек	*(a scientific person)*	Он учёный.	*(He is a scientist.)*
больной человек	*(a sick person)*	Это больной.	*(It is a patient.)*
дежурный офицер	*(an officer on duty)*	Он дежурный.	*(He is on duty.)*

E. Ross. Basic Russian in Tables and Diagrams

63

COMPARATIVE DEGREE OF FULL ADJECTIVES OR ADVERBS

REMEMBER!

- The comparative degree of adjectives has two forms: **the simple** and **the compound:** the simple form is derivated by special suffixes, the compaund — by addition of the words **более** (more) or **менее** (less).

- The comparative degree of adjectives is identical with that of adverbs.

- The stress in the comparative formed by adding the suffix **-ee //-ей** is generally shifted from stem to the first **e** of the suffix. The stress is fixed in threesyllabic and polysyllabic adjectives.

REMEMBER!

- Adjectives that have a simple comparative form may be divided into **three** groups.

Simple Comparative Degree of Adjectives

Group 1

Regular Comparative Form (Suffix -ee/-ей)	
бедный — беднее/бедней	*poorer*
длинный — длиннее/длинней	*longer*
тёплый — теплее/теплей	*warmer*
холодный — холоднее/холодней	*colder*

Group 2

	Irregular Comparative Form (Suffix -e)	
д/ж г/ж	молодой — моложе дорогой — дороже	*younger* *more expensive*
к/ч	жаркий — жарче лёгкий — легче	*hotter* *easier*
х/ш	тихий — тише	*quieter*
ст/щ	простой — проще чистый — чище	*simpler* *purer*
в/вл	дешёвый — дешевле	*cheaper*
т/ч	богатый — богаче	*richer*

Group 3

Special Comparative Forms	
хороший — **лучше**	*better*
плохой — **хуже**	*worse*
близкий — **ближе**	*closer*
далёкий — **дальше**	*farther*
маленький — **меньше**	*smaller*
большой — **больше**	*bigger*
низкий — **ниже**	*lower*

REMEMBER!

- The comparative degree may be accompanied by the words: **гораздо** *(much)*, **ещё** *(still, even)*, **немного** *(a little)*, **всё** *(still, ever)*.

Examples

Москва **больше** Петербурга.	*Moscow is larger than Petersburg.*
Мы побежали <u>ещё</u> **быстрее**.	*We ran still faster.*
Мальчик плакал <u>всё</u> **громче** и **громче**.	*The boy was crying louder and louder.*
У меня **больше** книг<u>, чем</u> у неё.	*I have more books than she has.*

REMEMBER!

- If the comparative degree is used in a sentence as the predicate or as a modifiers, the word, which denotes the object with which something is compared, takes either the Nominative case, and is preceded by the word **чем** *(than)*, or the Genitive case. A comma is placed before **чем**.

Examples

Москва **больше**<u>, чем</u> Петербург. Москва **больше** Петербурга.	*Moscow is larger than Petersburg.*

Compound Comparative Degree of Adjectives

Examples

более красивый город	*a more beautiful city*
менее важная проблема	*a less important problem*

Чёрное море **более тёплое, чем** Балтийское море.
The Black Sea is warmer than the Baltic Sea.

Summary Table of Comparative Degree

Adjective		Simple form			Compound form
		1 group	2 group	3 group	
бедный	*poor*	беднее			**более/менее** бедный
длинный	*long*	длиннее			**более/менее** длинный
высокий	*high*		выше		**более/менее** высокий
молодой	*young*		моложе		**более/менее** молодой
хороший	*good*			лучше	**более** хороший
плохой	*bad*			хуже	**более** плохой

SUPERLATIVE DEGREE OF FULL ADJECTIVES

REMEMBER!

- The superlative degree of adjectives has two forms: **the simple** and **the compound.** The simple form is derivated by special suffixes, the compaund — by addition of the words **наиболее? самый** (most) or **наименее** (least).

- The simple superlative agrees in gender, number, and case with the noun, which it modifies or refers to.

- The simple form of the superlative is more used in written Russian.

Simple Superlative Degree of Adjectives

Adjective stem	+	Suffixes	+	Adjective endings	=	Simple Superlative	
чист-[ый]				-ий (m)		чистейший	*the clearest*
сильн-[ое]	+	**-ейш-**	+	-ее (n)	=	сильнейшее	*the strongest*
нов-[ая]				-ая (f)		новейшая	*the newest*
умн-[ые]				-ие (Pl)		умнейшие	*the cleverest*
(after hissing at interchange)							
стро**г**-[ий]				-ий (m)		строжайший	*the strictest*
высо**к**-[ое]	+	**-айш-**	+	-ее (n)	=	высочайшее	*the highest*
глубо**к**-[ая]				-ая (f)		глубочайшая	*the deepest*
креп**к**-[ие]				-ие (Pl)		крепчайшие	*the strongest*

Examples

Он **умнейший** человек.   *He is the most intelligent person.*

Это **высочайшие** горы.   *These are the highest of mountains.*

REMEMBER!

- A number of adjectives do not have a simple superlative.

For example, комический *(comic)*, громкий *(loud)*, узкий *(narrow)*, плохой *(bad)*.

Compound Superlative Degree of Adjectives

REMEMBER!

- The compound form of the superlative agrees in gender, number, and case with the noun it modifies or refers to. Both **самый** and the adjective are declined.

- The compound form of the superlative with **наиболее** // **наименее** is often used in formal style and sometimes in conversational Russian.

самый **самое** **самая** **самые** + Adjective **наиболее** **наименее**	**M**	самый важный вопрос наиболее важный вопрос наименее важный вопрос	 *the most important question* *the least important question*
	N	самое красивое здание наиболее красивое здание наименее красивое здание	 *the most beautiful building* *the least beautiful building*
	F	самая трудная задача наиболее трудная задача наименее трудная задача	 *the most difficult problem* *the least difficult problem*
	Pl	самые интересные фильмы наиболее интересные фильмы наименее интересные фильмы	 *the most interesting films* *the least interesting films*

Examples

Этот дом — **самый большой** в городе.	*This house is the largest in the town.*
Решение этой задачи **самое простое**.	*The solution of this problem is the simplest.*
Это **наиболее высокие** горы.	*These are the highest mountains.*

SHORT FORMS OF ADJECTIVES

REMEMBER!

- Many Russian adjectives have short form. This form consists of the stem of the adjectives with, or without, endings:

  Masculine — no ending, but with a fleeting **e**, **ё**, or **o** in most cases when the stem ends in two consonants;

  Feminine — ending **-a** or **-я**;

  Neuter — ending **-o** or **-e**.

- Short forms of adjectives are used in a sentence only as a predicate; they usually (but not necessarily) follow the noun. They are not declined.

Full form		Short form			
		M	**N**	**F**	**Pl**
старый	*old*	стар[ ]	старо	стара	стары
молодой	*young*	молод[ ]	молодо	молода	молоды
умный	*clever*	умён[ ]	умно	умна	умны
здоровый	*healthy*	здоров[ ]	здорово	здорова	здоровы

Examples

Доктор стар.	*The doctor is old.*
Это дерево молодо.	*This tree is young.*
Она умна.	*She is clever.*
Эти дети здоровы.	*These children are healthy.*

Very Used Short Forms of Adjective

Full form		Short forms
счастливый	*happy*	счастлив, счастлива, счастливо, счастливы
занятый	*occupied*	занят, занята, занято, заняты
свободный	*free*	свободен, свободна, свободно, свободны
голодный	*hungry*	голоден, голодна, голодно, голодны
больной	*sick*	болен, больна, больно, больны

NUMERALS

- Russian numerals are divided in four groups: cardinal, ordinal, fractional, and collective.

Cardinal *How many/much?*	Ordinal *Which?*	Fractional *How many/much?*	Collective *How many/much?*
один, два, три... *one, two, three...*	первый, второй, третий... *first, second, third...*	1/2 (одна вторая), 3/4 (три четвёртых) *one half, three fourths*	двое, трое, четверо *two, three, four (in a group, together)*

CARDINAL NUMERALS

- Cardinal numerals can be simple, compound, and composite.

Simple	2 (два), 10 (десять), 1000 (тысяча), 1 000 000 (миллион)
Compound	11 (одиннадцать), 20 (двадцать), 200 (двести)
Composite	253 (двести пятьдесят три), 458 (четыреста пятьдесят восемь)

- **Один** is used with masculine nouns, **одно** with neuter nouns, and **одна** with feminine nouns, this numeral agrees in gender with the noun it qualifies.

- **Два** is used both with masculine and neuter nouns, and **две** with feminine nouns. The same rules apply to all compound numbers in which the last digit is 1 or 2 (except 11 and 12).

Examples

1	один_ дом_	*house*	21	двадцать один_ дом_
	одно слово	*word*		двадцать одно слово
	одна книга	*book*		двадцать одна книга
	два дома			двадцать два дома
2	два слова		22	двадцать два слова
	две книги			двадцать две книги

REMEMBER!

- As can be seen from the table below, the numerals **11 through 19** consist of the numerals **один, две** (not **два**), **три**, etc., the preposition **на**, and the word **дцать** (contraction of **десять**).

  Thus, **один-на-дцать** (11) means one-on-ten,
  две-на-дцать (12) means two-on-ten, etc.

  If you remember this rule, you will be able to recognize numbers when they are written out!

REMEMBER!

- In the numerals **11 through 19,** as well as in numerals **20** and **30**, there is no **-ь** in the middle of the word but there is one at the end of it: **одиннадцать**.
- The numerals **50 through 80** have a **-ь** in the middle and none at the end: **пятьдесят**.
- Note the special forms of **сорок (40)** and **девяносто (90)**.

REMEMBER!

- In the numerals **двести, триста, пятьсот** and others similarly composed, the second element of the word **-сти, -ста, -сот** is a derivative of the number **сто (100)**.
- Compound numerals **from 500 to 900** are spelt with **-ь** in the middle of the word.

Simple and Compound Cardinal Numerals

The First Ten	The Second Ten	Tens	Hundreds	Thousand, Million
1 — один, одна, одно	11 — одиннадцать	10 — десять	100 — сто	1000 — тысяча
2 — два, две	12 — двенадцать	20 — двадцать	200 — двести	1 000 000 — миллион
3 — три	13 — тринадцать	30 — тридцать	300 — триста	
4 — четыре	14 — четырнадцать	40 — сорок	400 — четыреста	
5 — пять	15 — пятнадцать	50 — пятьдесят	500 — пятьсот	
6 — шесть	16 — шестнадцать	60 — шестьдесят	600 — шестьсот	
7 — семь	17 — семнадцать	70 — семьдесят	700 — семьсот	
8 — восемь	18 — восемнадцать	80 — восемьдесят	800 — восемьсот	
9 — девять	19 — девятнадцать	90 — девяносто	900 — девятьсот	

Usage of Cardinal Numerals with Nouns

Rule		Examples			
1. A noun following **один, одна, одно** will be in the Nominative Singular.	1 + Nom. case Singular	*brother* брат[ ] брата братьев	1 2, 3, 4 5—20	*sister* сестра сестры сестёр	1 2, 3, 4 5—20
2. A noun following **одни** will be in the Nominative Plural.	1 + Nom. case Plural	*hour* час[ ] часа часов	1 2, 3, 4 5—20	*minute* минута минуты минут	1 2, 3, 4 5—20
3. A noun qualified by the numerals **два, три, четыре** takes the Genitive Singular	2 3 } + Gen. case Singular 4	*month* месяц месяца месяцев	1 2, 3, 4 5—20	*week* неделя недели недель	1 2, 3, 4 5—20
5. A noun qualified by the numerals from **пять** to **двадцать** takes the Genitive Plural.	5—20 + Gen. case Plural	*year* год[ ] года лет	1 2, 3, 4 5—20		
		day день[ ] дня дней	1 2, 3, 4 5—20		
		ruble рубль[ ] рубля рублей	1 2, 3, 4 5—20	*kopeck* копейка копейки копеек	1 2, 3, 4 5—20

REMEMBER!

- After the numeral **1 (21, 101** etc.) we use noun in Nom. Sing.: один, двадцать один, сто один рубль.
- After numerals **2—4 (22, 102** etc.) we use noun in Gen. Sing.: два, двадцать два, сто два рубля.
- After numeral **5—20 (30, 40, 100** etc.) we use noun in Gen. Pl.: пять, пятнадцать, пятьдесят, пятьсот рублей.

Composite Cardinal Numerals

• Russians use a comma (,) to indicate decimals.

5 508,00 — пять тысяч пятьсот восемь целых ноль десятых

89 753,5 — восемьдесят девять тысяч семьсот пятьдесят три целых 5 десятых

10 546 321 — десять миллионов пятьсот сорок шесть тысяч триста
двадцать один

Spelling & Pronunciation of Cardinal Numerals

For convenience of pronunciation the transcribed words in the table below are divided into syllables, the capitalized syllables are stressed; the apostrophe (') indicates softness of the consonant.

Numeral	Spelling	Pronunciation
1	один	ah-DEEN
2	два	dva
3	три	tree
4	четыре	chee-TY-ree
5	пять	p'aht'
6	шесть	shehst'
7	семь	sehm'
8	восемь	VO-seem'
9	девять	DEH-veet'
10	десять	DEH-seet'
11	одиннадцать	ah-DEE-na-tsaht'
12	двенадцать	dvee-NA-tsaht'
13	тринадцать	tree-NA-tsaht'
14	четырнадцать	chee-TYR-na-tsaht'
15	пятнадцать	peet-NA-tsaht'
16	шестнадцать	shis-NA-tsaht'
17	семнадцать	seem-NA-tsaht'
18	восемнадцать	va-seem-NA-tsaht'
19	девятнадцать	deh-veet'-NA-tsaht'
20	двадцать	DVA-tsaht'
21	двадцать один	DVA-tsaht' ah-DEEN
22	двадцать два	DVA-tsaht' dva
23	двадцать три	DVA-tsaht' tree
24	двадцать четыре	DVA-tsaht' chee-TY-ree
25	двадцать пять	DVA-tsaht' p'aht'
26	двадцать шесть	DVA-tsaht' shehst'

Numeral	Spelling	Pronunciation
27	двадцать семь	DVA-tsaht' sehm'
28	двадцать восемь	DVA-tsaht' VO-seem'
29	двадцать девять	DVA-tsaht' DEH-veet'
30	тридцать	TREE-tsaht'
31	тридцать один	TREE-tsaht' ah-DEEN
32	тридцать два	TREE-tsaht' dva
33	тридцать три	TREE-tsaht' tree
34	тридцать четыре	TREE-tsaht' chee-TY-ree
35	тридцать пять	TREE-tsaht' p'aht'
36	тридцать шесть	TREE-tsaht' shehst'
37	тридцать семь	TREE-tsaht sehm'
38	тридцать восемь	TREE-tsaht' VO-seem'
39	тридцать девять	TREE-tsaht' DEH-veet'
40	сорок	SOH-rahk
50	пятьдесят	pee-ee-S'AHT
60	шестьдесят	shee-ee-S'AHT
70	семьдесят	SEH-m'ee-s'aht
80	восемьдесят	VO-see-m'ee-s'aht
90	девяносто	dee-vee-NOH-sta
100	сто or (одна) сотня	stoh or (ahd-NA) SOHT-n'a
101	сто один	stoh ah-DEEN
200	двести	DVEH-stee
300	триста	TREE-sta
400	четыреста	chee-TY-ree-sta
500	пятьсот	p'it'-SOHT
600	шестьсот	shee-SOHT
700	семьсот	seem'-SOHT
800	восемьсот	va-seem'-SOHT
900	девятьсот	dee-veet'-SOHT
1000	(одна) тысяча	(ahd-NA) TY-s'ee-cha
1001	тысяча один	TY-s'a-cha ah-DEEN
1253	тысяча двести пятьдесят три	TY-s'a-cha DVEH-stee pee-ee-S'AHT tree
2000	две тысячи	dveh TY-s'i-chee
3000	три тысячи	tree TY-s'i-chee
100 000	сто тысяч	stoh TY-seech
1 000 000	(один) миллион	(ah-DEEN) mee-lee-OHN
1 000 000 000	(один) миллиард	(ah-DEEN) mee-lee-AHRD
1,5	полтора (*one and a half*) — *for Masculine and Neuter* полторы (*one and a half*) — *for Feminine*	

Declension of Cardinal Numerals

Numeral ОДИН

REMEMBER!

• The numeral **один** is declined in genders, numbers and cases as the demonstrative pronoun.

Cases	Singular			Plural for all genders
	Masculine	**Neuter**	**Feminine**	
Nom.	один	одно	одна	одни
Gen.	одного		одной	одних
Dat.	одному		одной	одним
Acc.	inanim. = Nom., anim. = Gen.		одну	inanim. =Nom., anim. = Gen.
Instr.	одним		одной	одними
Prep.	(об) одном		(об) одной	(об) одних

Numeral ДВА

REMEMBER!

• Pay attention to the Nominative and Accusative Cases. See the difference!

Cases	Masculine	Neuter	Feminine
Nom.	два		две
Gen.	двух		
Dat.	двум		
Acc.	inanim. = Nom., anim. = Gen.		
Instr.	двумя		
Prep.	о двух		

Numerals ТРИ, ЧЕТЫРЕ

Cases	All Genders
Nom.	три, четыре
Gen.	трёх, четырёх
Dat.	трём, четырём
Acc.	inanim. = Nom., anim. = Gen.
Instr.	тремя, четырьмя
Prep.	о трёх, четырёх

Numerals from ПЯТЬ — ПЯТНАДЦАТЬ — ПЯТЬДЕСЯТ

They are patterns for numerals from 5 to 20 and 30; from 50 to 80

Cases	All Genders			
Nom.	пять,	пятнадцать,	пятьдесят,	пятьсот
Gen.	пяти,	пятнадцати,	пятидесяти,	пятисот
Dat.	пяти,	пятнадцати,	пятидесяти,	пятистам
Acc.	пять,	пятнадцать,	пятьдесят,	пятьсот
Instr.	пятью,	пятнадцатью,	пятидесятью,	пятьюстами
Prep.	пяти,	пятнадцати,	пятидесяти,	пятистах

Numerals СОРОК, ДЕВЯНОСТО, СТО

Cases	40	90	100
Nom.	сорок	девяносто	сто
Gen.	сорока	девяноста	ста
Dat.	сорока	девяноста	ста
Acc.	сорок	девяносто	сто
Instr.	сорока	девяноста	ста
Prep.	о сорока	о девяноста	о ста

Numerals ДВЕСТИ, ТРИСТА, ЧЕТЫРЕСТА and Numerals in -СОТ

Cases	200	300	400	500
Nom.	двести	триста	четыреста	пятьсот
Gen.	двухсот	трёхсот	четырёхсот	пятисот
Dat.	двумстам	трёмстам	четырёмстам	пятистам
Acc.	= Nom. case			
Instr.	двумястами	тремястами	четырьмястами	пятьюстами
Prep.	о двухстах	о трёхстах	о четырёхстах	о пятистах

Numerals ТЫСЯЧА, МИЛЛИОН, МИЛЛИАРД

REMEMBER!

- The numerals миллион and миллиард are Masculine, the numeral тысяча is Feminine.
- These numerals are declined in the same way as the nouns.

Declension of Composite Numerals

REMEMBER!

- In Russian, when composite numerals are declined, all component parts of numerals are changed.

Examples

Nom.	тысяча двести семьдесят пять машин
Gen.	тысячи двухсот семидесяти пяти машин
Dat.	тысяче двумстам семидесяти пяти машинам
Acc.	тысячу двести семьдесят пять машин
Instr.	тысячей (тысячью) двумястами семьюдесятью пятью машинами
Prep.	о тысяче двухстах семидесяти пяти машинах

REMEMBER!

- The numerals **полтора** and **полторы** have only two case forms: one for the Nominative and the Accusative, the other for the remaining four cases.

Case	Numerals	
Nom. = Acc.	полтора	полторы
Cen.	полутора	
Dat.		
Instr.		
Prep.		

ORDINAL NUMERALS

REMEMBER!

- In Russian ordinal numerals have adjective endings and are declined as adjectives. They agree in gender, number, and case with the nouns to which they refer.

- Ordinal numerals can be simple, compound, and composite.

Simple	2 (второй), 10 (десятый), 1000 (тысячный), 1 000 000 (миллионный)
Compound	11 (одиннадцатый), 20 (двадцатый), 200 (двухсотый)
Composite	253 (двести пятьдесят третий), 458 (четыреста пятьдесят восьмой)

Comparative Table

№	Cardinal in Nominative case Singular	Ordinal in Nominative case Singular
1	один, одно, одна	первый, первое, первая
2	два, две	второй, второе, вторая
3	три	третий, третье, третья
4	четыре	четвёртый, четвёртое, четвёртая
5	пять	пятый, пятое, пятая
6	шесть	шестой, шестое, шестая
7	семь	седьмой, седьмое, седьмая
8	восемь	восьмой, восьмое, восьмая
9	девять	девятый, девятое, девятая
10	десять	десятый, десятое, десятая
11	одиннадцать	одиннадцатый, -ое, -ая
12	двенадцать	двенадцатый, -ое, -ая
13	тринадцать	тринадцатый, -ое, -ая
20	двадцать	двадцатый, -ое, -ая
30	тридцать	тридцатый, -ое, -ая
40	сорок	сороковой, -ое, -ая
50	пятьдесят	пятидесятый, -ое, -ая
100	сто	сотый, -ое, -ая
200	двести	двухсотый, -ое, -ая
700	семьсот	семисотый, -ое, -ая
900	девятьсот	девятисотый, -ое, -ая
1000	тысяча	тысячный, -ое, -ая
21	двадцать один	двадцать первый, -ое, -ая
45	сорок пять	сорок пятый, -ое, -ая
133	сто тридцать три	сто тридцать третий, -ое, -ая
244	двести сорок четыре	двести сорок четвёртый, -ое, -ая
1992	тысяча девятьсот девяносто два	тысяча девятьсот девяносто второй, -ое, -ая

Declension of Ordinal Numerals

Example 1 (hard variant)

Cases	Singular			Plural for all genders
	Masculine	Neuter	Feminine	
Nom.	перв**ый**	перв**ое**	перв**ая**	перв**ые**
Gen.	перв**ого**		перв**ой**	перв**ых**
Dat.	перв**ому**		перв**ой**	перв**ым**
Acc.	inanim. = Nom., anim. = Gen.		перв**ую**	inanim. = Nom., anim. = Gen.
Instr.	перв**ым**		перв**ой**	перв**ыми**
Prep.	о перв**ом**		о перв**ой**	о перв**ых**

Example 2 (soft variant)

Cases	Singular			Plural for all genders
	Masculine	Neuter	Feminine	
Nom.	трет**ий**	трет**ье**	трет**ья**	трет**ьи**
Gen.	трет**ьего**		трет**ьей**	трет**ьих**
Dat.	трет**ьему**		трет**ьей**	трет**ьим**
Acc.	inanim. = Nom., anim. = Gen.		трет**ью**	inanim. = Nom., anim. = Gen.
Instr.	трет**ьим**		трет**ьей**	трет**ьими**
Prep.	о трет**ьем**		о трет**ьей**	о трет**ьих**

— REMEMBER! —

- In composite ordinal numerals, only the last number is ordinal (as it is in English) and is declined.

Examples

Это двадцать первая книга.	*This is the 21st book.*
Я выбрал сто восемьдесят пятый номер.	*I have chosen the 185th number (room).*
Мы не читали двести пятую страницу.	*We have not read the 205th page.*

E. Ross. Basic Russian in Tables and Diagrams

79

FRACTIONAL NUMERALS

Cases	Example	
Nom.	три пятых	*three fifth*
Gen.	трёх пятых	
Dat.	трём пятым	
Acc.	три пятых	
Instr.	тремя пятыми	
Prep.	о трёх пятых	

COLLECTIVE NUMERALS

2 — двое   оба *(both)* — *for Masculine and Neuter*

3 — трое   обе *(both)* — *for Feminine*

4 — четверо

5 — пятеро

6 — шестеро

7 — семеро

Collective numerals are used with:	Example	
1. Animate masculine nouns denoting men or young animals.	двое друзей трое братьев семеро козлят	*two friends* *three brothers* *seven young goats*
2. The nouns **дети** *(children)*, **люди** *(people)*, **лица** *(person)*.	пятеро детей двое (неизвестных) лиц	*five children* *two (unknown) persons*
3. Personal pronouns naming men usually.	Нас здесь трое. Их было пятеро.	*There are three of us.* *There were five of them.*
4. Inanimate nouns that are used only in the plural (when there are 2, 3, or 4 objects, only the collective numerals are used) or naming paired objects.	двое часов четверо ножниц пятеро суток двое брюк	*two watches* *four (pairs of) scissors* *five 24-hour period* *two trousers*

REMEMBER!

- The numeral **оба (обе)** may be used only when referring to two living beings or inanimate objects of the same kind, i.e., when in English **both** is used with a plural noun:

оба стола	*both tables*	обе книги	*both books*
оба брата	*both brothers*	обе сестры	*both sisters*

Declension of Collective Numerals

Case	Numerals		
	like adjectives with the *soft* stem		**like adjectives with *hard* stem**
Nom.	оба, обе	двое, трое	четверо (пятеро, шестеро), семеро
Cen.	обоих, обеих	двоих, троих	четверых, ... , семерых
Dat.	обоим, обеим	двоим, троим	четверым, ... , семерым
Acc.	inanim. = Nom., anim. = Gen.		
Instr.	обоими, обеими	двоими, троими	четверыми, ... , семерыми
Prep.	об обоих, обеих	о двоих, троих	о четверых, ... , семерых

REMEMBER!

- The numeral **2—4, двое — семеро** can be used with verbs in Singular or in Plural:

В школе работа**ет**/работа**ют** 2 учителя русского языка.

В школе работал**о**/работал**и** 2 учителя русского языка.

В школе буд**ет**/буд**ут** работать 2 новых учителя.

У меня был**о** трое детей.

Time of Day

- Periods of the day are indicated by the words **ночь** *(night, 24—4 o'clock)*, **утро** *(morning, 5—11 o'clock)*, **день** *(afternoon, 12—16 o'clock)*, **вечер** *(evening, 17—23 o'clock)*. These words are used in the Genitive case.

Examples

час ночи	*1 a.m.*
пять часов утра	*5 a.m.*
двенадцать (**часов**) дня	*12 o'clock noon*
семь (**часов**) вечера	*7 p.m.*
двенадцать (**часов**) ночи	*12 o'clock, midnight*

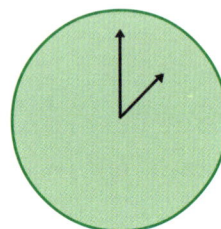

- Parts of the hour are expressed by **quantity of minutes of the current hour (ordinal** numeral in the Genitive case.

Examples

пять минут второго	*1:05*
десять минут четвёртого	*3:10*
двадцать пять минут седьмого	*6:25*
четверть двенадцатого	*a quarter past 11*

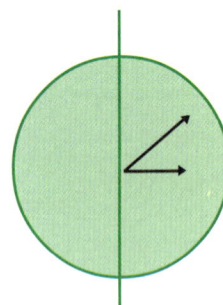

- **Quantity of minutes to the hour** is expressed by the preposition **без** *(without)*, the Genitive case of the numeral referring to minutes (**cardinal** numeral in the Nominative case) referring to the hour.

Examples

без пяти (минут) час	*5 minutes to 1*
без десяти (минут) три	*10 minutes to 3*
без четверти двенадцать	*a quarter to 12*

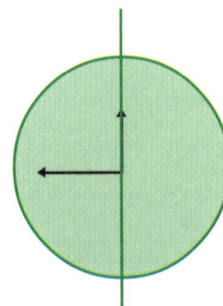

Numeral Uses in Time Expression with ЧЕРЕЗ, ЗА, and НАЗАД

REMEMBER!

- To indicate that something will take place (or took place) after a certain amount of time, use **через** followed by the time expression.

- To indicate that something took place a certain amount of time ago, use the time expression followed by **назад**.

- The prepositions **через** and **за** may both be translated as **in** with expressions of time, but their meaning is different. (See below.)

Examples

через	Мы будем завтракать **через** пятнадцать минут. *We shall have breakfast in (**after**) 15 minutes.*
за	Мы позавтракаем **за** пятнадцать минут. *We shall eat (and finish) breakfast in (**during**) 15 minutes.*
назад	Мы позавтракали пятнадцать минут **назад**. *We had breakfast 15 minutes **ago**.*

ЧЕРЕЗ **ЗА**	1 час 2—4 часа 5—20 часов 1 день 2—4 дня 5—20 дней 1 год 2—4 года 5—20 лет	See the difference!	1 час 2—4 часа 5—20 часов 1 день 2—4 дня 5—20 дней 1 год 2—4 года 5—20 лет	**НАЗАД**

ADVERBS

Some Types of Adverbs

Adverbs of Place		Adverbs of Time		Adverbs of Measure and Degree		Adverbs of Manner		Negative Adverbs

ADVERBS OF PLACE

Где? *Where?*		Куда? *Where?*		Откуда? *Where from?*	
внизу	*downstairs, below*	вниз	*down*	снизу	*from below*
вверху	*upstairs*	вверх	*up*	сверху	*from above*
наверху	*upstairs, on top*	наверх	*on top*	сверху	*from above*
впереди	*in front of*	вперёд	*forward*	спереди	*from the front of*
сзади	*in back, behind*	назад	*back*	сзади	*from behind*
слева	*on the left*	налево	*to the left*	слева	*from the left*
справа	*on the right*	направо	*to the right*	справа	*from the right*
здесь, тут	*here*	сюда	*here*	отсюда	*from here*
там	*there*	туда	*there*	оттуда	*from there*
дома	*at home*	домой	*home*	—	
снаружи	*outside*	наружу	*out*	снаружи	*from outside*
внутри	*inside*	внутрь	*into*	изнутри	*from inside*
вдали	*far, in the distance*	вдаль	*far, into the distance*	издали	*from a distance*

Examples

Книга стоит <u>наверху</u>. *A book is above.*

Я кладу книгу <u>наверх</u>. *I put a book on top.*

Я взял книгу <u>сверху</u>. *I take a book from the top.*

ADVERBS of TIME

Когда? *When?*	вчера	*yesterday*	Я был в школе вчера. *I was at school yesterday.*
	сегодня	*today*	
	завтра	*tomorrow*	
	сейчас	*now*	Я читаю сейчас. *I am reading now.*
	потом	*then*	
	утром	*in the morning*	Утром я иду в школу. *In the morning I go to school.*
	днём	*in the afternoon*	
	вечером	*in the evening*	
	ночью	*at night*	
	скоро	*soon*	Скоро мы поедем в Россию. *We will go to Russia soon.*
	давно	*long ago*	
	поздно	*late*	
	иногда	*sometimes*	Я обычно смотрю телевизор вечером. *I watch television usually in the evening.*
	часто	*often*	
	обычно	*usually*	
	редко	*rarely*	
	всегда	*always*	

ADVERBS of MEASURE and DEGREE

Сколько? *How much?*	очень, сильно	*very*	много воды	*much water*
	мало	*little*	Я тебя очень люблю. *I love you very much.*	
	много	*much, many*		
	слишком	*too*	слишком быстро	*too fast*
	чрезвычайно	*extremely*	чрезвычайно опасный	
	весьма	*highly*		*extremely dangerous*
	необычайно	*extraordinarily*		
	едва, еле	*hardly*	Он едва/еле шёл.	*He hardly walked.*
	едва не, чуть не	*nearly*	Я едва не упала.	*I nearly fell down.*
	почти	*almost*	Сейчас почти два часа.	
				It is almost 2 o'clock.

REMEMBER!

- The adverbs **чрезвычайно, весьма, необычайно, едва** usually are used in the literary texts.
- There is only one word in Russian according to English two: **сколько** = many, much.

ADVERBS of MANNER

Как? *How?*	быстро легко громко по-русски * хорошо правильно	*quickly* *easily* *loudly* *in Russian* *well* *correctly*	Я читаю <u>быстро</u>. Он читает <u>легко</u>. Он говорит <u>громко</u>. Анна говорит <u>по-русски хорошо</u>. Ольга читает <u>правильно</u>.	*I read quickly.* *He reads easily.* *He speaks loudly.* *Ann speaks Russian well.* *Olga reads correctly.*

REMEMBER!

* The use of this group of adverbs is restricted only to description of language and dish:

Я читаю по-английски. *I read in English.*

Кофе по-арабски. *Coffee made in Arabic cook-style.*

* Adverbs with the prefix **по-** and suffix **-и** are generally spelt with a hyphen.

Formation of Adverbs from Adjectives

Formation Word		Prefix and/or Suffix	Adverb
плох-ой красив-ый важн-ый	*bad* *nice* *important*	**-О**	плохо красиво важно
историческ-ий дружеск-ий	*historical* *friendly*	**-И**	исторически дружески
русск-ий английск-ий арабск-ий	*Russian* *English* *Arabic*	**ПО- + -И**	по-русски по-английски по-арабски

NEGATIVE ADVERBS

REMEMBER!

- Negative adverbs are derived with the aid of particle **НИ-**:
  нигде, **ни**куда — *anywhere*

- They are applied only with the negative predicate.
  Я <u>нигде не</u> был.
  Он <u>никуда не</u> ходил.

Adverb Antonyms

Russian pair		English pair	
хорошо	плохо	*good, well*	*badly*
трудно	легко	*difficultly*	*easily*
быстро	медленно	*quickly*	*slowly*
широко	узко	*widely*	*narrowly*
высоко	низко	*high*	*low*
сильно	слабо	*strongly*	*weakly*
весело	грустно	*cheerfully*	*sadly*
богато	бедно	*richly*	*poorly*
дорого	дёшево	*expensively*	*cheaply*
холодно	горячо	*coldly*	*hot*
твёрдо	мягко	*firmly*	*softly*
часто	редко	*often*	*seldom*
всегда	никогда	*always*	*never*
сейчас	потом	*now*	*then*

Usage of Adverbs in Function of the Predicate

(Dat. case) + adverb

Modal Meaning	нужно надо необходимо	<u>Нужно</u> слушать. Мне <u>надо</u> работать. Вам <u>необходимо</u> отдохнуть.	*You must listen.* *I have to work.* *You need to have a rest.*
	можно	<u>Можно</u> посмотреть? Где <u>можно</u> купить словарь? *Where can I buy a dictionary?*	*May I have a look?*
	нельзя	Здесь <u>можно</u> курить? Здесь <u>нельзя</u> курить!	*May I smoke here?* *No smoking here!*
Emotional or Physical State / Condition	трудно	Мне <u>трудно</u>.	*It is difficult to me.*
	скучно	Девочке <u>скучно</u>.	*The girl is boring.*
	весело	Мне <u>весело</u>.	*I am funny.*

Other Kinds of Usage of Adverbs

Agreement	Adverbs		Examples	
Adv. + Adj./Adv.	**очень**	*very*	Он <u>очень</u> добрый. Очень хорошо!	*He is very kind.* *Very well!*
Adv. + Verb			Я тебя <u>очень</u> люблю!	*I love you very much!*
Adv. + Noun	**много** **мало**	*many, much* *a little*	<u>много</u> воды <u>много</u> книг	*much water* *many books*
Adv. + Verb			<u>много</u> работать	*to work hard*

VERBS

INFINITIVE

Infinitive Questions

Что делать?	*What to do?*	Что сделать?

Verb Infinitive Forms

Suffix -ть (usually)		Suffix -ти (rarely)		Suffix -чь (rarely)	
читать	*to read*	идти	*to go*	мочь	*can, may*
писать	*to write*	везти	*to transport*	печь	*to bake*
делать	*to do*	нести	*to carry, to bear*	помочь	*to help*
иметь	*to have*	грести	*to row*	беречь	*to save*

Infinitive Stem

чита-ть	ид-ти	мо-чь
писа-ть	вез-ти	пе-чь

RUSSIAN VERB TENSES

REMEMBER!

- Russian verb has three tenses (Present, Past, and Future) and two Aspects (Imperfect and Perfect).

Verb Tenses and Aspects

Past	Present	Future
The fact that the action is taken place: **Что ты делал вчера?** **Я писал** письмо. *I wrote a letter (we don't know, if a letter is ready).* *or* *I was writing a letter.*	1. Action at the moment of speech. **Сейчас я пишу.** *I am writing now.* *(Present Continuous)* 2. Action that started before and that is continuing at the present moment. **Я пишу** два часа. *I have been writing for two hours.* *(Present Perfect Continuous)* 3. Permanent or repeated action. **Я всегда (часто) пишу** правильно. *I always write correctly.* *(Present Indefinite)*	Planed action (repeated actions) in a future: — complex form: **Я буду писать** письмо. *I shall write a letter.* *or* *I shall be writing a letter.*
A completed action often having a result. **Я написал** письмо. *I have written a letter (my letter is ready).*		Planed result of an action in a future: — simple form: **Я напишу** письмо. *I shall write a letter.* *or* *I shall have written a letter.*

Some Special Meaning of Verb Tenses

Present — a) as a Narrative Past Tens: Иду я вчера домой и вижу… **b) as a real Future:** Завтра я еду в Москву.

Future — a) for a repeated or followed Action in Presens: Сегодня целый день то позвонят, то позовут; **b) the same in Past:** Ночь была тихая — ветер слегка подует и перестанет.

Past — a) as a nearest Future: Ну, я поехала, до свидания. Ну, мы пошли домой.

PRESENT TENSE

Verb Conjugations

REMEMBER!

- Changes, which Russian verbs undergo depending on person and number, are called **conjugation**.

- There are two conjugations in Russian, called the **1**st conjugation and the **2**nd conjugation.

- Conjugation is typical only for present and future tense verbs. Past tense verbs change only by gender and number.

USUALLY (but not always!)			
1st **conjugation verbs** have the infinitive endings **-ать, -ять**.		**2**nd **conjugation verbs** have the infinitive endings **-ить**.	
зн**а**ть	*to know*	говор**ить**	*to speak*
дел**а**ть	*to do*	кур**ить**	*to smoke*
работ**а**ть	*to work*	люб**ить**	*to love*
гул**я**ть	*to walk*	куп**ить**	*to buy*

Some Exceptions
• **2**nd **conjugation** includes some verbs with endings **-еть** and **-ать**. For example,

смотреть	*to look*
ненавидеть	*to hate*
слышать	*to hear*
держать	*to keep*

and folloowing verbs: гнать (*to turn out*), видеть (*to see*), дышать (*to breathe*), обидеть (*to offend*), терпеть (*to suffer*), зависеть (*to depend*), вертеть (*to spin*).

- **1**nd **conjugation** includes some verbs with endings **-ить**.
  For example,

  брить (*to shave*), стелить (*to spread*).

- There are some verbs, which can have the endings of <u>both</u> the **1**st conjugation and the **2**nd conjugation.
  For example,

  хотеть (*to want*), бежать (*to run*).

Step by Step to the 1ˢᵗ Verb Conjugation

1. Find the infinitive endings **-ть, -ти, -чь**.	читать идти мочь	*to read* *to go* *can*
2. Throw the infinitive endings off and take the verb stems.	**чита**-ть **ид**-ти **мо**-чь	
3. Add the 1ˢᵗ verbs conjugation endings to the verb stems.	чита + **ю** = чита**ю** чита + **ешь** = чита**ешь** ид + **у** = ид**у** ид + **ёт** = ид**ёт** мог + **ут** = мог**ут**	*(I) read* *(you) read* *(I) go* *(he) goes* *(they) can*

1ˢᵗ verb conjugation endings

Я	**-ю/-у**	Мы	**-ем/-ём**
Ты	**-ешь/-ёшь**	Вы	**-ете/-ёте**
Он, она	**-ет/-ёт**	Они	**-ют/-ут**

Example

Я	знаю, пишу, беру	Мы	знаем, пишем, берём
Ты	знаешь, пишешь, берёшь	Вы	знаете, пишете, берёте
Он, она	знает, пишет, берёт	Они	знают, пишут, берут

Step by Step to the 2nd Verb Conjugation

1. Find the infinitive endings + (plus) stem letter **-и-**.	говор**ить** кур**ить**	*to speak* *to smoke*
2. Throw the infinitive endings off and take the verb stems **without** stem letter **-и-**.	**говор**-ить **кур**-ить	
3. Add the 2nd verb conjugation endings to the verb stems.	говор + **ю** = говорю кур + **ишь** = куришь	*(I) speak* *(you) smoke*

2nd verb conjugation endings

Я	**-ю/-у**	Мы	**-им**
Ты	**-ишь**	Вы	**-ите**
Он, она	**-ит**	Они	**-ат/-ят**

Example

Я	**говорю**	Мы	**говорим**
Ты	**говоришь**	Вы	**говорите**
Он, она	**говорит**	Они	**говорят**

REMEMBER!

- The **stem of the present tense** is obtained by dropping the 3rd person's (Plural) endings **-ут/-ют** or **-ат/-ят**.

  работать *(to work)* ⟶ (они) работа-ют *(they work)* ⟶ **работа**-ют

  писать *(to write)* ⟶ (они) пиш-ут *(they write)* ⟶ **пиш**-ут

  говорить *(to speak)* ⟶ (они) говор-ят *(they speak)* ⟶ **говор**-ят

Conjugation of Some Irregular Verbs

Verb Infinitive	я	ты	он/она	мы	вы	они
бежать *to run*	бегу	бежишь	бежит	бежим	бежите	бегут
брать *to take*	беру	берёшь	берёт	берём	берёте	берут
быть *to be*	буду	будешь	будет	будем	будете	будут
взять *to have taken*	возьму	возьмёшь	возьмёт	возьмём	возьмёте	возьмут
давать *to give*	даю	даёшь	даёт	даём	даёте	дают
дать *to give*	дам	дашь	даст	дадим	дадите	дадут
есть *to eat*	ем	ешь	ест	едим	едите	едят
ехать *to go by vehicle*	еду	едешь	едет	едем	едете	едут
жить *to live*	живу	живёшь	живёт	живём	живёте	живут
идти *to go by foot*	иду	идёшь	идёт	идём	идёте	идут
лечь *to lie*	лягу	ляжешь	ляжет	ляжем	ляжете	лягут
мочь *can*	могу	можешь	может	можем	можете	могут
пить *to drink*	пью	пьёшь	пьёт	пьём	пьёте	пьют
понять *to have understood*	пойму	поймёшь	поймёт	поймём	поймёте	поймут
просить *to ask*	прошу	просишь	просит	просим	просите	просят
сидеть *to sit*	сижу	сидишь	сидит	сидим	сидите	сидят
садиться *to take a seat*	сажусь	садишься	садится	садимся	садитесь	садятся
сесть *to sit down*	сяду	сядешь	сядет	сядем	сядете	сядут
хотеть *to want*	хочу	хочешь	хочет	хотим	хотите	хотят

REMEMBER!

- Please memorize that there are two verb stems:
  the stem of the infinitive and **the stem of the present tense,** which can be similar or different:

(to read)	**чита**-ть	— **чита**-ют	*(to write)*	**писа**-ть	— **пиш**-ут
(to work)	**работа**-ть	— **работа**-ют	*(to wash)*	**мы**-ть	— **мо**-ют

VERB *БЫТЬ* (to be)

Verb *БЫТЬ* (to be) in the Present, Past and Future Tenses

REMEMBER!

- In the Present Tense the verb **быть** has only one form for all persons in Singular and Plural: **есть**.

- Russians usually do not use the verb **быть** in Present-Tense sentences. However, the verb **быть** is never omitted in the Past or Future Tense:

Мы _____ в университете.	*We are at the university.*	Ср.:
Мы **были/будем** в университете.	*We were/'ll be at the university.*	
Я **была/буду** в классе.	*I was/'ll be at class.*	
Алекс **был** в библиотеке.	*Alex was/'ll be in the library.*	

- In negative sentences they use only one form in Present too: **нет**.

- In the Future Tense the verb **быть** has a special stem: **буд-** and is conjugated as a verb of 1st Conj.

Usage of the Verb *БЫТЬ*

1. In the construction **(Somebody) has...**	У меня <u>есть</u> брат. У меня <u>есть</u> машина.* *I have a brother. I have a car.* У меня <u>был</u> брат. У меня <u>была</u> машина. *I had a brother. I had a car.* У меня <u>будет</u> брат. У меня <u>будет</u> машина. *I'll have a brother. I'll have a car.*
2. In the construction **There is... / There are...**	В городе <u>есть</u> (<u>был</u>, <u>будет</u>) музей. *There is (was, will be) a museum in a city.*
3. In the construction **(Somebody) don't have...**	У меня <u>нет</u> брата. У меня <u>нет</u> машины. *I don't have a brother. I don't have a car.* У меня <u>не было</u> брата. У меня <u>не было</u> машины. *I don't have a brother. I don't have a car.*
4. In the construction **(Somebody) is ... years old**	Мне _____ семнадцать лет. *I'm 17 years old.* Мне <u>было</u> семнадцать лет. *I was 17 years old.* Мне <u>будет</u> семнадцать лет. *I will be 17 years old.*

*Exceptions: У меня **два** брата, **двое** детей.   У меня **новая** машина.
I have two brothers, two children.   *I have a new car.*

REMEMBER!

The verb **быть** in the Past Tense takes the neuter gender Sing. in following cases:
- In impersonal sentences: На вечере <u>было</u> весело. *The party was enjoyable.*
- In posessive constructions with numerals: У меня <u>было</u> два брата. *I had two brothers.*
- To express the negative condition with **нет** (nonexistence, absence, and "not having"): Здесь <u>не было</u> книги. *There wasn't a book here.* У неё <u>не было</u> машины. *She did not have a car.*

IMPERFECTIVE AND PERFECTIVE VERB ASPECTS

— REMEMBER!_____

- Almost every Russian verb has two aspects: the imperfective aspect and the perfective aspect.
- Aspects and Tenses are very closed connected in Russian and fulfill complementary functions, which correspond with Tenses system in English.
- Prefect form have these Verbs only, which can be used with words **to begin, to continue, to finish**.
- Imperfective infinitive is the main form in a dictionary.
- Imperfective verbs have usually Present, Past and Complex Future forms. It can be pictured as an unlimited line, the beginning and end of which are out of view.
- Perfective verbs have usually Past and simple Future forms only. It can be pictured as a limited line, long or short as the case may be, with a clearly defined beginning and end.

Meanings of Imperfective Verb Aspect

Meanings	Imperfective	Scheme
1. The fact that the action has taken place	Infinitive Я хочу, умею читать книгу. *I want, can read a book.* Past Вчера я читал книгу. *Yesterday I was reading/read a book.*	¦- - - - - - - - - -¦
2. Action on going, a prolonged action (hence it is not completed)	Future Я буду читать книгу. *I will read a book.* Present Я читаю книгу. *I am reading a book.*	- - - - -
3. Repeated, usual action (hence it not carried out once)	Я **часто** читаю газеты. *I often read the newspapers.* Я читаю газету **каждый день.** *I read a newspaper every day.*	--- ---

Meanings of Perfective Verb Aspect

Meanings	Perfective	Scheme
1. Action is successfully completed once (hence we have a result)	Infinitive Я хочу прочитать книгу. *I want to read the book up to the end.*	- - - -⌐
	No present tense!	
	Past Я прочитал книгу. *I have read the book.*	
	Future Я прочитаю книгу. *I will read the book up to the end.*	
2. Momentary aspect of action	**Однажды** я прочитал интересную статью. ***Once** I read an interesting article.*	--_/--

PAST TENSE

Past Tense Form

Infinitive stem		Singular			Plural + -л- + и
		Masculine + -л- + [ ]	Feminine + -л- + a	Neuter + -л- + o	
чита-ть	*to read*	читал[ ]	читалa	читалo	читали
говори-ть	*to speak*	говорил[ ]	говорилa	говорилo	говорили

Exceptions

Some Russian verbs have irregular form of the Past Tense. Here are given only three of them:

Infinitive stem		Singular			Plural
		Masculine	Feminine	Neuter	
мочь	*can*	мог[ ]	моглa	моглo	могли
идти	*to go*	шёл[ ]	шлa	шлo	шли
умереть	*to die*	умер[ ]	умерлa	умерлo	умерли

E. Ross. Basic Russian in Tables and Diagrams

97

FUTURE TENSE

- Future Tense has two forms: a) simple — for the perfective aspect verbs;
  b) complex — for the imperfective aspect verbs.

Simple Future Tense Form

- A simple form of Future Tense is formed from perfective verbs only. It use Present Tense endings of verbs.

Singular		Plural	
я	**прочитаю,** **напишу**	мы	**прочитаем,** **напишем**
ты	**прочитаешь, напишешь**	вы	**прочитаете,** **напишете**
он, она	**прочитает,** **напишет**	они	**прочитают,** **напишут**
	shall read, *shall write*		*shall read,* *shall write*

Complex Future Tense Form

- A complex form of Future Tense consists of the personal forms of the verb **быть** in the Future and the infinitive of the principal verb. A complex form of Future Tense is formed from imperfective verbs only.

Singular		Plural	
я	**буду**	мы	**будем**
ты	**будешь** + читать, писать	вы	**будете** + читать, писать
он, она	**будет**	они	**будут**
	shall be reading / read, shall be writing / write		

Help Table

Verb aspect	Accompanying and preceded adverbs and phrases	
Imperfective	всегда	*always*
	обычно	*usually*
	долго	*for a long time*
	иногда	*sometimes*
	часто	*often*
	редко	*seldom*
	каждый день, год	*every day, year*
Perfective	сразу	*at once*
	вдруг	*suddenly*
	однажды	*once*

Formation of Aspect Pairs

1. Add the prefix	Я писал — я **на**писал письмо.	*I wrote — I have written a letter.*
2. Change the suffix	Я реш**а**л — я реш**и**л задачу.	*I solved — I have solved a task.*
3. Change the stem	Я говорил — я сказал.	*I spoke — I have said.*
4. Change the accent	Я отрез**а́**л — я отр**е́**зал.	*I cut — I have cut.*

Basic Prefixes of Perfective Aspect

по-		с-	
думать — **по**думать	*to think*	делать — **с**делать	*to do*
просить — **по**просить	*to ask*	петь — **с**петь	*to sing*
на-		**у-**	
писать — **на**писать	*to write*	видеть — **у**видеть	*to see*
рисовать — **на**рисовать	*to draw*	слышать — **у**слышать	*to hear*
про-		**при-**	
читать — **про**читать	*to read*	готовить — **при**готовить	*to cook*
за-		**вы-**	
хотеть — **за**хотеть	*to want*	учить — **вы**учить	*to learn*
платить — **за**платить	*to pay*	пить — **вы**пить	*to drink*

Summary Table of Aspects and Tense Forms

Verbs aspect	Infinitive	Past Tense	Present Tense	Future Tense	
				Simple form	Complex form
Imperfective aspect	писать	я писал-а	я пишу	—	я буду писать
Perfective aspect	написать	я написал-а	—	я напишу	—

Examples

Я читаю письмо.	*I am reading a letter.*
Я читала письмо.	*I was reading a letter. I read a letter.*
Я прочитала письмо.	*I've read the (whole) letter.*
Я завтра буду читать письмо.	*Tomorrow I shall be reading / I shall read a letter.*
Я завтра прочту письмо.	*Tomorrow I shall read a letter.*
Мы сейчас играем в теннис.	*We are playing tennis now.*
Мы вчера утром играли в теннис.	*We were playing tennis yesterday in the morning.*
Мы сыграли один сет в теннис.	*We've played one set of tennis.*
Мы будем играть в теннис завтра.	*We will be playing / will play tennis tomorrow.*
Мы сыграем в теннис позже.	*We will play tennis later.*

REFLEXIVE VERBS

REMEMBER!

- In Russian it is never possible to ignore reflexivity!

- When the action denoted by a verb is directed back upon the doer, the verb is said to be "reflexitive".

- A reflexive verb is conjugated in the same way as the corresponding nonreflexive verb, but the suffix **-ся** is added to the usual endings in all three tenses.

- The suffix **-ся** is a reduction of the reflexive pronoun **себя**, the accusative of oneself (myself, yourself, etc.).

- The full suffix is pronounced only after consonants (including the soft sign); after vowels, it is pronounced and spelled **-сь**.

COMPARE!

Normal Transitive Verb	Genuine Reflexive Correlate
Ольга купает детей. *Olga is bathing the kids.*	Ольга купается. *Olga is bathing (herself).*
Виктор одевает брата. *Victor is dressing his brother.*	Виктор одевается. *Victor is dressing (himself).*
Лена умывает дочку. *Lena is washing up her daughter.*	Лена умывается. *Lena is washing up.*

Types of the Reflexive Verbs

1. Reflexive	Она моет**ся**.	*She is bathing (herself).*
2. Reciprocal	Они встретили**сь** в городе.	*They met (each other) in town.*
3. Passive Voice	Проблема обсуждает**ся**.	*The problem is being discussed.*
4. General Reflexive	Дети радуют**ся**.	*Children are glad.*
5. Indirectly Reflexive	Я хочу убрать**ся** в доме.	*I'd like to clean my house.*
6. Objectless	Собаки кусают**ся**.	*The dogs bite.*
7. Conventional Reflexive	Мне не сидит**ся** дома.	*I don't like to stay home.*
	Девочка улыбает**ся**.	*A girl smiles.*
	Гости уже съехали**сь**.	*Guests have assembled already.*

E. Ross. Basic Russian in Tables and Diagrams

101

Meanings of the Reflexive Verbs

1. Genuine Reflexive	These reflexive verbs are verbs whose subject and direct object are identical, that is, refer to the identical thing in the real world.	одеваться умываться	*to dress* *to wash*
2. Reciprocal	The verbs denote mutual action.	встретиться здороваться прощаться знакомиться	*to meet each other* *to greet each other* *to say goodbuy to each other* *to become acquainted with each other*
3. Passive Voice	This is a verb form that allows what is semantically the direct object to become the subject.	Завод строится. Свет отражается зеркалом.	*The plant is being built.* *The light is reflected by the mirror.*
4. General Reflexive	A verb characterises a psychical, an internal feeling.	Дети радуются.	*Children are glad.*
5. Indirectly Reflexive	An action which a person does for himself.	Я хочу убраться в доме.	*I'd like to clean my house.*
6. Objectless Reflexive	A reflexive form, which some transitive verbs require when no direct object is used. It is particularly associated with verbs expressing the unpleasant activities of animals.	Корова бодается. Утюг жжётся. Ёжик колется.	*The cow butts.* *The iron burns.* *The hedgehog is prickly.*

Lexical (Conventional) Reflexive Verbs

They have the suffix -ся for no particular reason	
бояться	*to be afraid*
смеяться	*to laugh*
улыбаться	*to smile*
гордиться	*to be proud*
случаться	*to happen*
становиться	*to become*
просыпаться	*to wake up*
казаться	*to seem*

• Ему сегодня не работает**ся** (It is usually used in negative.) *He doesn't feel like working today.*

• Девочка улыбает**ся**. (A verb isn't used whithout -**ся**.) *A girl smiles.*

• Гости уже съехали**сь**. (A verb is used with prefixe.) *Guests have assembled already.*

VERBS OF MOTION

- There is a special group of verbs in Russian that expresses movement or transportation from one point to another.

- There are two types of verbs of motion without prefixes:
  № 1 (Indefinite motion) and № 2 (Definite motion).

Definite motion *group I*

Infinitive		Present Tense	Past Tense
идти	*to go by foot*	иду, -ёшь, -ёт, -ём, -ёте, -ут	шёл, шла, шло, шли
ехать	*to go by vehicle*	еду, -ешь, -ет, -ем, -ете, -ут	ехал, -а, -о, -и
бежать	*to run*	бегу, бежишь, -жит, -жим, -жите, -гут	бежал, -а, -о, -и
лететь	*to fly*	лечу, летишь, -ит, -им, -ите, -ят	летел, -а, -о, -и
плыть	*to float, to sail*	плыву, -ёшь, -ёт, -ём, -ёте, -ут	плыл, -а, -о, -и
нести	*to carry in hands*	несу, -ёшь, -ёт, -ём, -ёте, -ут	нёс, несла, -о, -и
везти	*to carry in a vehicle*	везу, -ёшь, -ёт, -ём, -ёте, -ут	вёз, везла, -о, -и
ползти	*to creep*	ползу, -ёшь, -ёт, -ём, -ёте, -ут	полз, ползла, -о, -и
лезть	*to climb*	лезу, -ешь, -ет, -ем, -ете, -ут	лез, лезла, -о, -и

Indefinite motion *group II*

Infinitive		Present Tense	Past Tense
ходить	*to go by foot*	хожу, ходишь, -ит, -им, -ите, -ят	ходил, -а, -о, -и
ездить	*to go by vehicle*	езжу, ездишь, -ит, -им, -ите, -ят	ездил, -а, -о, -и
бегать	*to run*	бегаю, -ешь, -ет, -ем, -ете, -ют	бегал, -а, -о, -и
летать	*to fly*	летаю, -ешь, -ет, -ем, -ете, -ют	летал, -а, -о, -и
плавать	*to float, to sail*	плаваю, -ешь, -ет, -ем, -ете, -ют	плавал, -а, -о, -и
носить	*to carry in hands*	ношу, носишь, -ит, -им, -ите, -ят	носил, -а, -о, -и
возить	*to carry in a vehicle*	вожу, возишь, -ит, -им, -ите, -ят	возил, -а, -о, -и
ползать	*to creep*	ползаю, -ешь, -ет, -ем, -ете, -ют	ползал, -а, -о, -и
лазить	*to climb*	лажу, лазишь, -ит, -им, -ите, -ят	лазил, -а, -о, -и

REMEMBER!

- The English verb **to go** is used for any kind of movement, whether by foot or by vehicle. Russian verbs are more specific.

to go

идти *by foot* ← → *by vehicle* **ехать**
ходить **ездить**

These verbs should never be confused. It is obviously impossible **идти** 'to be going by foot' from Europe to Canada, or **идти** 'to be going by foot' while riding in a bus or in a car.

Direction of Motion

Definite direction (unidirectional verbs)		Indefinite direction (multidirectional verbs)	
идти	ехать	ходить	ездить

Definite direction (unidirectional verbs)

1. to move only in one direction

Куда ты <u>идёшь</u>?
Where are you going?

Мы <u>едем</u> домой сейчас.
We are going home now.

2. to have a destination

Они <u>идут</u> в библиотеку.
They are going to the library.

3. in descriptive passages (in Past or Future)

Вчера мы <u>шли</u> в театр и увидели тебя на остановке.
Yesterday we went to theatre and have seen you at a stop.

4. repeated movement in one direction

Обычно они <u>шли</u> в парк через мост.
Usually they went to park through the bridge.

5. a special use of the present form with a future meaning

Марта скоро <u>едет</u> в Киев!
Martha is going to Kiev soon!

Indefinite direction (multidirectional verbs)

1. to move in various directions

Я <u>люблю ходить</u> по парку.
I like to walk in a park.

2. to do the motion periodically (habitual)

Я <u>хожу</u> в университет каждый день.
I go to the university every day.

Обычно я <u>езжу</u> на работу на автобусе.
Usually I go to my work by bus.

3. to go there and back

Я <u>ходил</u> в кино.= Я был в кино.
I went to cinema.

Я <u>ездил</u> в Москву в прошлом году.
I went to Moscow last year.

4. to have an ability to go, to can to go

Моя машина <u>ездит</u> хорошо.
My car goes well.

CONJUGATION OF VERBS OF MOVEMENT

идти		ехать		ходить		ездить	
Я	**ид**-у	Я	**ед**-у	Я	**хож**-у	Я	**езж**-у
Ты	**ид**-ёшь	Ты	**ед**-ешь	Ты	**ход**-ишь	Ты	**езд**-ишь
Он, она	**ид**-ёт	Он, она	**ед**-ет	Он, она	**ход**-ит	Он, она	**езд**-ит
Мы	**ид**-ём	Мы	**ед**-ем	Мы	**ход**-им	Мы	**езд**-им
Вы	**ид**-ёте	Вы	**ед**-ете	Вы	**ход**-ите	Вы	**езд**-ите
Они	**ид**-ут	Они	**ед**-ут	Они	**ход**-ят	Они	**езд**-ят

Verbs of Motion with Prepositions В/НА

идти/ехать + preposition в		идти /ехать + preposition на	
в библиотеку	*to the library*	на работу	*to the work*
в школу	*to school*	на дискотеку	*to the discotheque, disco*
в аудиторию	*to the classroom*	на дачу	*to the dacha (cottage)*
в университет	*to the university*	на почту	*to the post office*
в магазин	*to the store*	на лекцию	*to the lecture*
в музей	*to the museum*	на стадион	*to the stadium*
в театр	*to the theatre*	на бассейн	*to the swimming pool*
в кино	*to the cinema*	на концерт	*to the concert*
в ресторан	*to the restaurant*	на первый этаж	*to the 1st floor*

BUT! идти/ехать <u>домой</u>

Transportation in Russian City

ехать, ездить	*to go by vehicle*
на машине	*by car*
на такси	*by taxi*
на метро	*by metro*
на автобусе	*by bus*
на троллейбусе	*by trolleybus*
на трамвае	*by tram*
на поезде	*by train*

REMEMBER!

● If you use one of the named below words, you need to say only multidirectional (indefinite directional) verb of motion after:

всегда	*always*	**никогда**	*never*
часто	*often*	**иногда**	*sometimes*
обычно	*usually*	**редко**	*seldom*
каждый день	*every day*	**несколько раз**	*several times*

Verbs of Motion and Asking *Where*

REMEMBER!

● English question **where** has two Russian translations: **где** and **куда.**

In Russian **где** is used to inquire about location and **куда** is used to inquire about destination.

Thus, all verbs of motion refer to destination and require the use of **куда** (or **откуда**).

COMPARE!

Где? *Where?*	Куда? *Where?*	Откуда? *Where from?*
LOCATION	*DESTINATION*	*DESTINATION*
Verb + **Prepositional** Case	Verb + **Accusative** Case or Verb + **Dative** Case	Verb + **Genetive** Case
Я был в университете. *I was at the university.*	Я **иду** в университет. *I am going to the university.* Я **иду** к врачу. *I am going to the doctor.*	Я **иду** из университета. *I am going from the university.* Я **иду** от врача. *I am going from the doctor.*

REMEMBER!

● The verbs **идти/ходить** have many idiomatic uses. There are given only two of them:

1. Russians use **идти** when speaking of a performance or a program being given in a theatre or a cinema.	В театре <u>идёт</u> опера «Аида». *They are giving the opera Aida in the theatre.* В кино <u>идёт</u> новый фильм. *They are showing a new movie in the cinema.*
2. The past tense of the verb **ходить** often has meaning **быть.**	Вчера я <u>был</u> в театре. = Вчера я <u>ходил</u> в театр. *I was at the theatre yesterday.*

Prefixes Uses with Verbs of Motion (Main Meanings)

Prefix	Picture	Verb	
в- *movement into* something		**в**ходить **в** класс **в**бежать **в** комнату **въ**ехать **в** город	*to go into the classroom* *to run into the room* *to drive into the town*
вы- *movement from* within		**вы**ходить **из** класса **вы**бегать **из** комнаты **вы**ехать **из** города	*to go out of the classroom* *to run out of the room* *to drive out of the town*
при- *arrival*		**при**ходить **в** школу **при**бежать **к** другу **при**ехать **в** Москву	*to come to school* *to run up to the friend* *to come to Moscow*
у- *departure*		**у**ходить **из** школы **у**бежать **от** врага **у**ехать **из** страны	*to leave the school* *to run away the enemy* *to leave the country*
вз-, вс-, в- *upwards* movement		**вс**ходить **на** второй этаж **вз**бежать **на** лестницу **въ**ехать **на** гору	*to go up the 2ⁿᵈ floor* *to run upstairs* *to drive uphill*
с- *downwards* movement		**с**ходить **со** второго этажа **с**бежать **с** лестницы **съ**ехать **с** горы	*to come down from* *the 2ⁿᵈ floor* *to run downstairs* *to drive downhill*
раз-, рас- *diverging* movement		**рас**ходиться **по** домам **раз**бежаться **в** разные стороны **разъ**ехаться **по** домам	*to go to one's respective* *homes* *to run in* *different places* *to go to one's respective homes*
с- *converging* movement		**с**ходиться **с**бежаться } **в** одно место **съ**ехаться	 *to come, to run to one place*
пере- 1. *movement* **across** something 2. *movement from* **one place to** another		**пере**ходить **через** улицу **пере**бегать **через** дорогу **пере**езжать мост **пере**ходить **с** первого **на** второй курс **пере**езжать **на** новую квартиру	*to walk across the street* *to run across the street* *to cross the bridge* *to move up from the 1ˢᵗ to the 2ⁿᵈ year* *to move to a* *new apartment*

Prefixes Uses with Verbs of Motion (Main Meanings). Continuation

Prefix	Picture	Verb	
под- *movement close to something*		подходить **к** дому подбежать **к** дому подъехать **к** городу	*to go to the house* *to run to the house* *to drive to the town*
от- *movement from within (not far)*		отходить **от** дома отбегать **от** дома отъехать **от** города	*to go from the house* *to run from the house* *to drive from the town*
до- *movement untill*		доходить **до** школы добежать **до** друга доехать **до** Москвы	*to reach the school* *to run up to the friend* *to reach Moscow*
про- *movement passing, through*		проходить **(через)** парк пробежать **(через)** парк проехать **(через)** страну	*to pass the park* *to run through the park* *to pass the country*
об(о)- *movement around*		обходить памятник оббежать магазины объехать гору	*to go a monument around* *to bypass all stores* *to drive a hill around*
за- *movement to behind or for a short time*		заходить **за** дерево забежать **за** дом заехать **за** другом	*to go behind the three* *to run behind the house* *to pick up a friend*

REMEMBER!

- The verbs of movement can be connected with expressions meaning 'where (to)' and 'where from': я иду **из** дома **в** школу, мы вышли **из** гостиницы **на** улицу.

- If a noun demands in the construction with meaning 'where from' the preposition **из**, so in constructions with meaning 'where' or 'where (to)' you use the preposition **в**.

- If a noun demands in the construction with meaning 'where from' the preposition **с**, so in constructions with meaning 'where' or 'where (to)' you use the preposition **на**.

Verbs of Motion in Temporal Constructions

Verbs without prefixes		Verbs with prefixes			
How long?		*For what period?*			
идти	*one hour*	**про**йти **за**	*for one hour*	**у**йти **на**	*for one hour*
ехать	*30 minutes*	**про**ехать **за**	*for 30 minutes*	**у**ехать **на**	*for 30 minutes*
лететь	*one day*	**про**лететь **за**	*for one day*	**у**лететь **на**	*for one day*
плыть	*several hours*	**про**плыть **за**	*for several hours*	**у**плыть **на**	*for several hours*

Often-Used Phrases with Verbs of Motion

Можно **войти**?	*May I come in?*
Войди!	*Come in!*
Извините… Разрешите **пройти**.	*Pardon me... Let me pass.*
Он **вошёл** в комнату.	*He entered the room.*
Он **вышел** в коридор.	*He went into the corridor.*
Он **вышел** на улицу.	*He went out.*
Он **вышел** на остановке.	*He gott off at the stop.*
Вы **выходите** на следующей остановке?	*Are you getting off next stop?*
Где мне **выходить**?	*Where should I get off?*
Пассажиры **вышли** из вагона.	*The passengers left the coach.*
Они **выехали** из Торонто в 6 часов.	*They left Toronto at 6 o'clock.*
Откуда вы **приехали**?	*Where did you come from?*
Я **приехал** из Канады.	*I came from Canada.*
Джон **уехал** из Москвы в Киев.	*John left Moscow for Kiev.*
Как вы **доехали**?	*Have you a good journey?*
Автобус **идёт** быстро.	*The bus is running fast.*
Этот автобус **идёт** в центр?	*Does this bus run downtown?*
Дорога **идёт** влево.	*The road runs to the left.*
Пьеса **идёт** 3 года.	*The play runs for three years.*
Слёзы **текут** по щекам.	*The tears ran down the cheeks.*
Реки **текут** в море.	*Rivers run into the sea.*

IMPERATIVE MOOD

REMEMBER!

- Imperative mood designates inducement to an action, order, appeal, wish or advice and takes two forms — singular and plural.

Main Forms of the Imperative

Steps	Singular	Plural
1. Put the verb in form of the 2nd person Sing. and drop the personal verb endings off.	ты чита-ешь, работа-ешь ты говор-ишь, смотр-ишь	вы чита-ете, работа-ете вы говор-ите, смотр-ите
2. Add the suffixes **-й/-йте** after vowel of the verb stem or add the suffixes **-и/-ите** after consonant of the verb stem.	чита + **й**, работа + **й** говор + **и**, смотр + **и**	чита + **йте**, работа + **йте** говор + **ите**, смотр + **ите**

Other Forms of Imperative

Notes	Singular	Plural
1. Add the particles: **пусть** **пускай** (*colloquial*) **да** to the form 3rd Pers. Sing. or Pl.	Пусть (она) говорит. *Let her speak.* Да будет свет! *Let light be!*	Пусть они не боятся. *They need not be afraid.* Пускай идут быстрее! *Let them go quicker!*
2. Add the particles: **давай** **давайте** to the Infinitiv.	Давай читать! *Let's read!*	Давайте пойдём в театр! *Let us go to the theatre!*

SUBJUNCTIVE MOOD

REMEMBER!

- Verbs of subjunctive mood designate actions which one wants to happen, or just possible ones, under certain circumstances.

- The particle **бы** and a verb in the past tense form the subjunctive mood: я прочитал бы.

- The particle **бы** and a verb are to be written separately.

- The particle **бы** can be either near a verb, or at any other place in a sentence.

- The verbs in subjunctive mood do not change with tenses.

Subjunctive can express:

— wish: В августе я хотела бы поехать к морю. *In August I should like to go to the seaside.*
      Ты пришёл бы пораньше. *Could you come earlier.*
— impulse: Ты бы помог мне. *Could you help me.*
— possible action in conditional clauses: Если бы ты помог мне, я закончил бы работу раньше. *If you helped me, I would finish my work earlier.*

Subjunctive Mood Uses

COMPARE!

Russian Sentences	English Sentences
Если бы я знал её адрес, я бы написал ей.	If I **knew** her address, I **would write** her.
Если бы я завтра был свободен, я пошёл бы в кино.	If I **were** free tomorrow, I **would go** to the cinema.
Если бы мы не спешили, мы бы опоздали.	If we **had not hurried**, we **should have been** late.
Если бы я вчера встретил тебя, я попросил бы тебя помочь мне.	If I **had met** you yesterday, I **should have asked** you to help me.
Если бы мы вчера кончили работу, мы смогли бы завтра поехать в Москву.	If we **had finished** our work yesterday, we **should have been** able to go to Moscow tomorrow.

"STUDY" VERBS

COMPARE!

преподавать	to teach (whom?) + Acc. case	Я <u>преподаю</u> русский язык студентам. *I teach Russian to students.*
учить	1. to teach (whom?) + Acc. case	1. Моя сестра учительница. Она <u>учит</u> детей в школе. *My sister is a teacher. She teaches children at school.*
	2. to learn (what?) + Acc. case	2. — Что ты <u>учишь</u> сейчас? — Я <u>учу</u> новый урок. *— What are you studying now?* *— I am studying the new lesson.*
изучать	to study, to learn (what?) + Acc. case	Я <u>изучаю</u> русский язык. *I study the Russian language.*
заниматься	to study in general (yourself at home, library... etc.)	— Что ты делаешь? — Я <u>занимаюсь</u>: я делаю уроки. *— What are you doing now?* *— I am studying: I am doing my homework.*
учиться	to study at... (school, university... etc.)	Я <u>учусь</u> в университете. *I study at the university.*

"LOVE" VERBS

Meanings of "Love" Verbs

COMPARE!

любить	нравиться
1. The verb **любить** may mean **to love** or **to be fond of a person**. Том **любит** свою жену. *Tom loves his wife.* Дети **любят** свою мать. *The children love their mother.*	1. The verb means **to please, to be pleasing**, or **to be liked**. It is not used in the sense 'to be fond of'. Мне **нравится** эта машина. *I like this car. [This car is pleasing to me.]* Антону **нравится** эта девушка. *Anton likes this girl.*
2. When used with a verb (in infinitive), **любить** indicates that the person denoted by the subject of sentence generally **likes to perform the action indicated by verb**. Я **люблю читать**. *I like to read.* Руфь **любит играть** в теннис. *Ruth likes to play tennis.*	
3. When used with a noun denoting a thing, **любить** means that the person is **fond of**, or **likes, this kind of thing in general.** Я **люблю** чай, но **не люблю** кофе. *I like tea but I do not like coffee.* Я **люблю** зелёный цвет. *I like green (colour) (in general).*	
4. When used with a noun denoting a definite object, **любить** means **to be fond of**, and the sentence implies that the person is familiar with this particular object, has known it for some time, has seen it many times, etc. Я **люблю** это платье. *I am fond of this dress.* *(I have it for some time; it is one of my favourite dresses.)*	

SOME TYPES OF VERBAL GOVERNMENT

1. Verb + Noun
in the Acc. case without Preposition

(кого? что?)		(whom? what?)	
видеть	студента, фильм	to see	a student, a film
понимать	иностранца, язык	to understand	a foreigner, a language
спросить	друга, ответ	to ask	a friend, an answer
любить	маму, торт	to like, to love	mother, a cake
(что?)		(what?)	
изучать	историю	to study	history
решить	задачу	to solve	a problem
получить	письмо	to receive	a letter

2. Verb + Noun *in the Acc. case without Preposition* +
Noun *in the Dat. case without Preposition*

(что? кому?)		(what? to whom?)	
давать	книгу сестре	to give	a book to (one's) sister
показать	учебник учителю	to show	a textbook to (one's) teacher
подарить	подарок маме	to give	a gift to (one's) mother
объяснить	урок студентам	to explain	a lesson to the students
покупать	букет девушке	to buy	a bouquet to (one's) girl
рассказать	анекдот другу	to tell	a joke to (one's) friend
писать	письмо отцу	to write	a letter to (one's) father

3. Verb + Infinitive

(что делать?)		(what to do?)	
мешать	заниматься (кому? чем?)	to disturb	to study
обещать	показать (что? кому?)	to promise	to show
помогать (кому?)	маме готовить	to help	mother to cook
советовать	другу сказать	to advise	(his) friend to say
разрешать	сыну играть	to allow	(his) son to play

4. Verb + Noun
in the Inst. case without Preposition (or with the Preposition с)

a) Значение управления объектом

(чем?)

овладеть	языком
пользоваться	компьютером
писать	ручкой
руководить	командой, оркестром

(кем? чем?)

управлять	машиной

a) The Meaning of Governing the Object

(by what?)

to master	the language
to use	the computer
to write	with a pen

(whom? by what?)

to lead, to manage	a team, a band
to govern, to operate	the machine

b) Выражение эмоций, интереса, устремлений

(чем?)

восхищаться	красотой
заниматься	спортом
интересоваться	искусством
увлекаться	шахматами
любоваться	природой

(кем?)

быть	биологом
работать	журналистом
стать	менеджером

b) Expression of emotional state, interest, aspirations

to be delighted with	beauty
to go in for	sport
to be interested	in fine arts
to be keen on	chess
to admire	the scenery

to be	a biologist
to work	as a journalist
to become	a manager

c) Значение взаимодействия двух или нескольких участников

(с кем?)

встретиться	с другом
дружить	с Джоном
соревноваться	с соперником
переписываться	с канадкой

c) Meaning of interaction of two or several participants

(with whom?)

to meet with	(my) friend
to be friends with	John
to compete with	the rival
to correspond with	Canadian girl

5. Verb + Noun *in the Prep. case with the Preposition* о

(о ком? о чём?)

говорить	о погоде
думать	о маме
мечтать	о каникулах
писать	о студентах
читать	о Москве
рассказывать	о Канаде

(about whom? about what?)

to speak about	the weather
to think about	(my) mother
to dream about	the vacation
to write about	the students
to read about	Moscow
to tell about	Canada

SOME VERB SPELLING RULES

Soft Sign Ь in the Verb Forms

Please always write ь!	Do not write ь!

In the ending of the infinitive form with -ся:
 	
    улыба**ться**
 	
    учи**ться**
	In the ending of the 3ʳᵈ person (singular) verb form:
	
	    (он, она) улыба**ется**
	
	    (он, она) уч**ится**
	
	    они уч**атся**

In the ending of the 2ⁿᵈ person (singular) verb form:
 	
    (ты) чита**ешь**
 	
    (ты) пиш**ешь**
 	
    (ты) говор**ишь**	

In the ending of Imperativ after **ж, ш, ч**:
 	
    реж**ь**!
 	
    реж**ь**те!	

Negative Particle *HE* and Verbs

The particle *HE* is written with verbs separately!	
не быть	*not to be*
не читать	*not to read*
не хотеть	*not to want*
не курить	*not to smoke*
There are several exceptions:	
*не*навидеть	*to hate*
*не*доумевать	*to be perplexed, puzzled*
*не*годовать	*to be indignant*

Verb formation

Table I (Adjective ⟶ Verb)

Adjective	Derivative Verb with ending -еть (imperf. — perf.)	Glossary	Some Examples
белый	белеть — побелеть	to become white	Он <u>побелел</u> от холода. *He became white with cold.*
чёрный	чернеть — почернеть	to become black	
жёлтый	желтеть — пожелтеть	to become yellow	Осенью листья <u>желтеют</u>. *The leaves become yellow in the fall.*
красный	краснеть — покраснеть	to become red	
зелёный	зеленеть — позеленеть	to become green	Трава <u>зеленеет</u> весной. *The grass becomes green in the spring.*
тёмный	темнеть — потемнеть	to grow dark	
светлый	светлеть — посветлеть	to grow light	
бледный	бледнеть — побледнеть	to turn pale	Она <u>побледнела</u> от страха. *She turned pale from fright.*
толстый	толстеть — потолстеть	to grow fat	
худой	худеть — похудеть	to get thin	

Table II (Noun ⟶ Verb)

Noun		Derivative Verb		Some Examples
совет	*advice*	советовать	*to advise*	Доктор <u>советует</u> покой. *The doctor advises repose.*
ночь	*night*	ночевать	*to spend the night*	Мы <u>ночевали</u> в этой гостинице. *We spent the night in this hotel.*
день	*day*	дневать	*to spend the day*	
радость	*joy*	радовать	*to make glad*	
ужин	*supper*	ужинать	*to have supper*	Я <u>думаю</u> о тебе. *I think about you.*
дума	*thought*	думать	*to think*	
дебаты	*debate*	дебатировать	*to debate*	

PARTICIPLES

REMEMBER!

- Participles are formed from verbs. There are six participles in Russian.

- In most cases, clauses can be used instead of participles, and in conversational Russian this is often done.

- In formal style, in which books, newspapers, and journals are written, participles are used whenever possible. Therefore a thorough passive knowledge (recognition) of participles is necessary for reading comprehension in Russian.

Types of Russian Participles

Adverbial participles (or verbal adverbs) Деепричастия		Adjective participles (or verbal adjectives) Причастия			
		Active		Passive	
Imperfective	Perfective	Present	Past	Present	Past
-а / -я	-в, -ши	-ущ-/-ющ-, -ащ-/-ящ-	-вш-, -ш-	-ем-, -им-	-енн-/ -нн-, -т-

Adverbial Participles (or Verbal Adverbs)

REMEMBER!

- The adverbial participles are unchangeable and are used for all three persons and genders in the singular and in the plural.

- The adverbial participles, both with and without qualifying words, are separated off by commas.

- The adverbial **inperfective** participles mean an action which is **simultaneously** with an action of the predicate in the sentence: Студенты готовятся (готовились, будут готовиться) к экзмену, читая учебник.

- The adverbial **perfective** participles mean an action which is **earlier** than an action of the predicate in the sentence: Студенты сдали (сдадут) экзамен, прочитав учебник.

Adjective Particles (or Verbal Adjectives)

REMEMBER!

- The adjective participles have adjective endings and agree in gender, number, and case with noun to which they refer.

- The adjective participles are declined as adjectives.

- The **active** adjective participles are formed from transitive (which take an accusative object) and intransitive verbs. They have only full forms.

- The **passive** adjective participles are formed only from transitive verbs. They have both full and short forms.

ADVERBIAL PARTICIPLES

Formation of Imperfective Adverbial Participles (ДЕЕПРИЧАСТИЯ)

№	Notes	Formation	Examples
1	1. Take the **imperfective verb**. 2. Put it in the third person plural of verb form. 3. Remove the personal endings **-ут/-ют, -ат/-ят**. 4. Add to the stem the suffix **-я**, or **-а** (after the consonants **ж, ш, щ, ч**).	гулять, знать, сидеть, лежать гуляют, знают, сидят, лежат гуля-ют, зна-ют, сид-ят, леж-ат гуля**я**, зна**я**, сидя́, лёж**а**	**Гуляя** в парке, я встретил друга. *Walking in the park, I met my friend.* **Зная**, что Антон будет говорить долго, я закурил. *Knowing that Anton was going to talk for a long time, I lit a cigarette.* **Лёжа** на диване, Джон говорил о своём романе. *(While) lying on the couch, John was talking about his novel.*
2	1. Take the verb ending in **-авать**. 2. Put it the infinitive form. 3. Remove the infinitive ending **-ть**. 4. Add to the stem the suffix **-я**.	вст**а**вать, узн**а**вать, дав**а**ть вставать, узнавать, давать встава-ть, узнава-ть, дава-ть встава**я**, узнава**я**, дава**я**	**Вставая** из-за стола, он сказал, что придёт завтра. *Getting up from the table, he said that he would come tomorrow.* **Давая** букет Марте, Том смущался. *Giving a bouquet to Martha, Tom was very shy.*

REMEMBER!

- The imperfective adverbial participles of reflexive verbs are formed by the same way. The reflexive ending **-ся (-сь)** is added to the participle suffixes **-а/-я**:

    сме**я**сь, ошиба**я**сь, улыба**я**сь.

REMEMBER!

- The imperfective adverbial participle of the verb **быть** (to be) is **будучи**:

    Будучи занята своей работой, Ольга не думает ни о чём другом.
    (While) being occupied with her work, Olga thinks of nothing else.

REMEMBER!

- The following verbs **do not have** imperfective adverbial participles:

ждать	*to wait*	петь	*to sing*	писать	*to write*	пить	*to drink*
мочь	*to be able*	есть	*to eat*	хотеть	*to want*	резать	*to cut*
казаться	*to seem*	ехать	*to be riding*				

Formation of Perfective Adverbial Participles (ДЕЕПРИЧАСТИЯ)

№	Notes	Formation	Examples
1	1. Take **the perfective verb.** 2. Put it in the past tense form. 3. Remove the suffix **-л.** 4. If the stem of masculine form of the past tense ends in a vowel, add the suffix **-в** after that **vowel.**	узнать, посидеть, прочитать узнал, посидел, прочитал узна-л, посиде-л, прочита-л узна**в**, посиде**в**, прочита**в**	**Прочитав** письмо, она показала его матери. *Having read the letter, she showed it to her mother.* **Посидев** немного в саду, он пошёл домой. *Having sat for a while in the garden, he went home.* **Прочитав** письмо, она покажет его матери. *Having read the letter, she will show it to her mother.*
2	1. Take **the perfective verb.** 2. Put it in the past tense form. 3. If the masculine form of the past tense ends in a consonant, add the suffix **-ши** after that **consonant.**	влезть, нести, умереть влез, нёс, умер влез**ши**, нёс**ши**, умер**ев** / умер**ши**	**Влезши** на дерево, он окинул взглядом местность. *Having climbed up a tree, he took a view of place.*
3	Participles made from the verb **идти** and some other verbs of movemevt are formed from the stem of the *future* tense by adding of the suffix **-я/-а.**	войти, выйти, принести войд-ут, выйд-ут, принес-ут войд**я**, выйд**я**, принес**я**	**Войдя** в ресторан, мы сели за стол. *Having entered the restaurant we sat down at a table.* **Принеся** яблоки, Барбара дала их детям. *Having brought the apples, Barbara gave them to the children.*

REMEMBER!

• The perfective adverbial participles of reflexive verbs are formed by the same way. The reflexive ending **-ся (-сь)** is added to the participle suffixes **-вши** (after consonants)/**-ши** (after vowels):

вернувшись, простившись.

Вернувшись домой, я лёг спать.   *Having returned home I went to bed.*

Простившись, Кларк ушёл.   *Having said good-bye to us, Clark left.*

REMEMBER!

• It is important to remember that in a sentence with an adverbial participle, either imperfective or perfective, the actions denoted by the adverbial participle and by the main verb must be performed by the same person: Гуляя по саду, дети собирали яблоки. = Когда дети гуляли по саду, они собирали яблоки.

ADJECTIVE PARTICIPLES

Formation of Adjective Participles (ПРИЧАСТИЯ)

I. Present Active Participles

№	Steps	Formation	Examples
1	1. Take the **imperfective verb**.	играть, сидеть	Девушка, **играющая на рояле**, служит в лаборатории. *The girl who is playing the piano works in a laboratory.*
	2. Put it in the third person plural of verb form.	играют, сидят	
	3. Remove the personal endings **-ут/-ют, -ат/-ят**.	игра-ют (1st conjugation) сид-ят (2nd conjugation)	
	4. Add to the verb stem the suffixes **-ущ, -ющ** (for the 1st conjugation verbs), **-ащ, -ящ** (for the 2nd conjugation verbs), and then add the adjective endings **-ий, -ая, -ее, -ие**.	игра**ющ**ий, -ая, -ее, -ие сид**ящ**ий, -ая, -ее, -ие	Господин, **сидящий у окна**, — журналист. *The gentlemen who is sitting by the window is a journalist.*

— REMEMBER!

- The present active adjective participles of reflexive verbs are formed the same way. The reflexive ending **-ся** is added after the adjective ending:

    сме**ющ**ийся, -аяся, -еася, -иеся, интересу**ющ**ийся, -аяся, -еася, -иеся.

— REMEMBER!

- Some Present Active Participles may be used as nouns or adjectives — see the following table. These nouns are declinated as adjectives.

Examples of Present Active Participles using as nouns

Russian words	English equivalents
служащий	*office worker, employee*
заведующий, -ая (библиотекой)	*manager, head (librarian)*
начинающие	*beginners*
курящие	*smokers*
учащиеся	*students, pupils*
будущее	*the future*
млекопитающее	*mammal*
пишущая машинка	*typewriter*
выдающийся	*outstanding, eminent*

Comparative Declension of Present Active Participles and Adjectives

	Singular Number		Plural for all Genders
	Masculine	Feminine	
Nom.	хороший читающий студент	хорошая читающая студентка	хорошие читающие студенты
Gen.	хорошего читающего студента	хорошей читающей студентки	хороших читающих студентов
Dat.	хорошему читающему студенту	хорошей читающей студентке	хорошим читающим студентам
Acc.	хорошего читающего студента	хорошую читающую студентку	хороших читающих студентов
Instr.	хорошим читающим студентом	хорошей читающей студенткой	хорошими читающими студентами
Prep.	о хорошем читающем студенте	о хорошей читающей студентке	о хороших читающих студентах

REMEMBER!

• Present Active Participles can be replaced by construction with the word **который**. This word is always applied in the **Nominative** case.

Examples

который читает книгу
who is reading a book

Nom.	Это студент, читающий книгу. *This is a student who is reading a book.*
Gen.	У студента, читающего книгу, много друзей. *The student who is reading a book has many friends.*
Dat.	Студенту, читающему книгу, нужен словарь. *The student who is reading a book needs a dictionary.*
Acc.	Я знаю этого студента, читающего книгу. *I know this student who is reading a book.*
Instr.	Мы знакомы со студентом, читающим книгу. *We are acquainted with the student who is reading a book.*
Prep.	Мы говорили о студенте, читающем книгу. *We spoke about the student who is reading a book.*

II. Past Active Participles

№	Steps	Formation	Examples
1	1. Take the **imperfective or perfective verb.** 2. Put it in the masculine past tense form. 3. If the stem of the past tense ends in a vowel, remove the suffix **-л.** 4. Add to the verb stem the suffixe **-вш-** and then add the adjective endings **-ий, -ая, -ее, -ие.**	делать, сделать писать, написать дела-л, сдела-л писа-л, написа-л делавший, -ая, -ее, -ие сделавший, -ая, -ее, -ие писавший, -ая, -ее, -ие написавший, -ая, -ее, -ие	Это учёный, **сделавший** важное открытие в медицине. *This is a scholar who made an important discovery in the field of medicine.* Человек, **писавший** это письмо, — женщина. *A person who wrote this letter is a woman.*
2	1. Take the **imperfective or perfective verb.** 2. Put it in the masculine past tense form. 3. If the stem of the past tense ends in a consonant, add to the verb stem the suffixe **-ш-** and then add the adjective endings **-ий, -ая, -ее, -ие.**	нести, привезти, умереть нёс, привёз, умер нёсший, -ая, -ее, -ие привёзший, -ая, -ее, -ие умерший, -ая, -ее, -ие	Парень, **нёсший** знамя, — мой сосед. *The guy who was caring a banner is my neighbour.* Человек, **привёзший** эту посылку, — наш новый почтальон. *The person who brought this parcel is our new postman.*

REMEMBER!

- The past active adjective participles of reflexive verbs are formed by the same way. The reflexive ending **-ся** is added after the adjective ending:

  смеявшийся, -аяся, -ееся, -иеся, засмеявшийся, -аяся, -рееся, -иеся.

REMEMBER!

- The past active participle of the verb **идти** is **шедший (шёл)**. Past active participles of perfective verbs derived from the verb **идти** are formed by adding prefixes to **шедший**.

Examples

вошедший	*one who walked in* or *entered*
вышедший	*one who walked out*
прошедший	*one who walked through* or *by*

Declension of Past Active Participles

	Singular Number		Plural for all Genders
	Masculine	**Feminine**	
Nom.	студент, читавший книгу	студентка, читавшая книгу	студенты, читавшие книгу
Gen.	студента, читавшего книгу	студентки, читавшей книгу	студентов, читавших книгу
Dat.	студенту, читавшему книгу	студентке, читавшей книгу	студентам, читавшим книгу
Acc.	студента, читавшего книгу	студентку, читавшую книгу	студентов, читавших книгу
Instr.	студентом, читавшим книгу	студенткой, читавшей книгу	студентами, читавшими книгу
Prep.	о студенте, читавшем книгу	о студентке, читавшей книгу	о студентах, читавших книгу

— REMEMBER!

● Past active participles can be replaced with the construction with the word **который**. This word is always applied in the **Nominative** case.

который написал это письмо
who wrote this letter

Examples

Nom.	Человек, <u>написавший</u> это письмо, — иностранец. *The person who wrote this letter is a foreigner.*
Gen.	Это адрес человека, <u>написавшего</u> это письмо. *This is an address of the person who wrote this letter.*
Dat.	Я отвечу человеку, <u>написавшему</u> это письмо. *I shall answer to the person who wrote this letter.*
Acc.	Я знаю человека, <u>написавшего</u> это письмо. *I know the person who wrote this letter.*
Instr.	Я говорил с человеком, <u>написавшим</u> это письмо. *I have talked with the person who wrote this letter.*
Prep.	Я говорю о человеке, <u>написавшем</u> это письмо. *I speak about the person who wrote this letter.*

III. Present Passive Participles

№	Notes	Formation	Examples
1	1. Take the **imperfective verb**. 2. Put it in the form of the 1st Pers. Plural. 3. Add to the verb the adjective endings **-ый, -ая, -ое, -ие**.	изучать, любить изуча + **ем** (1st conjugation) люб + **им** (2nd conjugation) изуча**ем** + **ый, -ая, -ое, -ие** люб**им** + **ый, -ая, -ое, -ие**	Язык, **изучаемый нами**, не трудный. *The language that is studied by us is not difficult.* Иван Иванович — профессор, **любимый всеми студентами**. *Ivan Ivanovich is a professor who is loved by all students.*

REMEMBER!

- The following **verbs do not have** present passive participles:

ждать	*to wait*	петь	*to sing*
писать	*to write*	пить	*to drink*
мочь	*to be able*	есть	*to eat*
хотеть	*to want*	резать	*to cut*
казаться	*to seem*	ехать	*to be riding*

REMEMBER!

- The Russian adjectives from ex-present passive particles that have the meaning of English adjectives on **-able** and **-ible** are used most widely with negative prefix **не-** to express the quality of resistance to certain processes.

Examples

-ible		-able	
невидимый	*invisible*	незабываемый	*unforgettable*
неделимый	*indivisible*	неузнаваемый	*unrecognizable*
недопустимый	*inadmissible*	необходимый	*unavoidable*
непобедимый	*invincible*	необъяснимый	*inexplicable*

REMEMBER!

- The present passive particles from the verbs **давать, узнавать, доставать** etc., are formed from the stem of Infinitive, not from the 1st Pers. Pl.: да**ва**емый, узна**ва**емый, доста**ва**емый.

- The present passive particles from the verbs **нести, вести, искать** etc. change letter ё to о: нес**о**мый, вед**о**мый, иск**о**мый.

E. Ross. Basic Russian in Tables and Diagrams

125

Comparative Declension of Present Passive Participles and Adjectives

	Singular Number		Plural for all Genders
	Masculine	**Feminine**	
Nom.	новый изучаемый текст	новая изучаемая проблема	новые изучаемые тексты
Gen.	нового изучаемого текста	новой изучаемой проблемы	новых изучаемых текстов
Dat.	новому изучаемому тексту	новой изучаемой проблеме	новым изучаемым текстам
Acc.	новый изучаемый текст	новую изучаемую проблему	новые изучаемые тексты
Instr.	новым изучаемым текстом	новой изучаемой проблемой	новыми изучаемыми текстами
Prep.	о новом изучаемом тексте	о новой изучаемой проблеме	о новых изучаемых текстах

REMEMBER!
- Present passive participles can be replaced with the construction with the word **который**. This word always takes form of the Accusative case.

Examples

Acc.case	
которого	*who is respect*
мы уважаем	*by us*

Nom.	Иван Иванович — учитель, уважаемый нами.	*Ivan Ivanovich is a teacher who is respected by us.*
Gen.	Это имя учителя, уважаемого нами.	*This is the name of the teacher who is respected by us.*
Dat.	Я напишу учителю, уважаемому нами.	*I shall write to the teacher who is respected by us.*
Acc.	Я знаю учителя, уважаемого нами.	*I know the teacher who is respected by us.*
Instr.	Я говорил с учителем, уважаемым нами.	*I have talked with the teacher who is respected by us.*
Prep.	Я говорю об учителе, уважаемом нами.	*I speak about the teacher who is respected by us.*

REMEMBER!
- Some present passive participles may be used as adjectives or nouns:

Уважаемый доктор Петров!	*Esteemed Doctor Petrov! (salutation in formal and semiformal letters)*
мой любимый писатель	*my favourite writer*
Любимая, иди сюда!	*Darling, come here!*

IV. Past Passive Participles

№	Steps	Formation	Examples
1	1. Take the **perfective verb**. 2. Put it in the Past form. 3. If the stem ends in a **vowel** (ecxept **-и!**), remove the suffixe **-л**. 4. Add to the verb stem the suffixes **-нн-** or **-т-** and then add the adjective endings **-ый, -ая, -ое, -ые**.	написать, взять написа<u>-л</u>, взя<u>я</u>-л написа<u>а</u> + **нн**ый, -ая, -ое, -ые взя<u>я</u> + **т**ый, -ая, -ое, -ые	Сочинение, **написанное** Элен, — одно из лучших. *The composition (which was) written by Elaine is one of the best.* Книга, **взятая** в библиотеке, лежит на столе. *The book (which was) taken from the library is lying on the table.*
2	1. Take the **perfective verb**. 2. Put it the Past form. 3. If the stem of the past tense ends in a **consonant** or **-и**, remove the suffixe **-л** with the stem letter **-и**. 4. Add to this stem the suffixes **-енн-**, **-ённ-** and then add the adjective endings **-ый, -ая, -ое, -ые**.	получить, решить, принести получ-ил, реш-ил, принес получ + **енн**ый, -ая, -ое, -ые реш + **ённ**ый, -ая, -ое, -ые принес + **ённ**ый, -ая, -ое, -ые	Результаты, **полученные** в этом эксперименте, были очень важны. *The results (which were) obtained in this experiment were very important.* Посылка, **принесённая** вчера, — из Москвы. *The parcel (which was) brought yesterday is from Moscow.*

REMEMBER!

- Many present passive participles may be used as adjectives.

Examples

Russian phrase	English equivalents
желанный гость	*a welcome (wanted) guest*
оживлённая дискуссия	*an animated (enlivened) discussion*
открытое окно	*an open window*
закрытая дверь	*a closed door*
занятое место	*an occupied seat*
забытые слова	*the forgotten words*

Declension of Past Passive Participles

	Singular Number		Plural for all Genders
	Masculine	**Feminine**	
Nom.	роман, написанный братом	книга, написанная братом	книги, написанные братом
Gen.	романа, написанного братом	книги, написанной братом	книг, написанных братом
Dat.	роману, написанному братом	книге, написанной братом	книгам, написанным братом
Acc.	роман, написанный братом	книгу, написанную братом	книги, написанные братом
Instr.	романом, написанным братом	книгой, написанной братом	книгами, написанными братом
Prep.	о романе, написанном братом	о книге, написанной братом	о книгах, написанных братом

REMEMBER!

• Past passive participles can correspond to the word **который**. This word has a form of a case, demanding by the verb in subordinate clouse.

Examples

который (here: Acc.!) сделали в Москве
that they made in Moscow

Nom.	Это стол, сделанный в Москве. *This is a table made in Moscow.*
Gen.	Нет стола, сделанного в Москве. *There is no the table made in Moscow.*
Dat.	Я прибиваю новую полку к столу, сделанному в Москве. *I fasten a new shelf to the table made in Moscow.*
Acc.	Я куплю стол, сделанный в Москве. *I shall buy a table made in Moscow.*
Instr.	У меня проблемы со столом, сделанным в Москве. *I have problems with the table made in Moscow.*
Prep.	Я говорю о столе, сделанном в Москве. *I speak about the table made in Moscow.*

128

Е. Росс. Русский язык в таблицах и схемах

Summary of Adjective Participles

- An adjective participle, **active** or **passive**, may either follow or precede the noun to which it refers. In the first case it is marked with a comma:

Я встретил <u>друга</u>, **приехавшего** из деревни.
Я встретил **приехавшего** из деревни <u>друга</u>.
I met a friend who had come from the village.

Я прочитала <u>книгу</u>, **присланную** вами.
Я прочитала **присланную** вами <u>книгу</u>.
I have read the book sent by you.

- Not all Russian verbs have six participles; many have less than six. The best way to achieve a good knowledge of participles is extensive reading.

Examples

Verb	Adverbial participles		Adjective participles			
	Imperfective	Perfective	Active		Passive	
			Present	Past	Present	Past
читать	читая		читающий	читавший	читаемый	
решить		решив		решивший		решённый
проиграть		проиграв		проигравший		проигранный
выпить		выпив		выпивший		выпитый
петь			поющий	певший		
быть	будучи			бывший		
хотеть				хотевший		
желать	желая		желающий	желавший	желаемый	желанный
смеяться	смеясь		смеющийся	смеявшийся		
взять		взяв		взявший		взятый
любить	любя		любящий	любивший	любимый	

Summary Table of Participles

Name	Meaning	Aspect	Participle "endings"
Imperfective adverbial participle	While performing this action	Imperf.	**-я, -ясь** **-а, -ась** *after* ж, ч, ш, щ
Perfective adverbial participle	Having performed this action	Perfect	**-в (-вши), -вшись** **-ши** **-я** *for* **идти** *with prefixes and a few other verbs*
Present active adjective participle	One who performs, or is performing this action	Imperf.	**-ющий, -ющая, -ющее, -ющие** **-ющийся, -ющаяся, -ющееся, -ющиеся** **-ящий, -ящая, -ящее, -ящие** **-ящийся, -ящаяся, -ящееся, -ящиеся**
Past active adjective participle	One who used to perform, or was performing, or performed this action	Imperf. Imperf. Perfect	**-вший, -вшая, -вшее, -вшие** **-вшийся, -вшаяся, -вшееся, -вшиеся** **-ший, -шая, -шее, -шие**
Present passive adjective participle	One who receives, or is receiving this action	Imperf.	**-емый, -емая, -емое, -емые** **-имый, -имая, -имое, -имые** **-омый, -омая, -омое, -омые**
Past passive adjective participle	One who received this action	Perfect (sometimes Imperf.)	**-нный, -нная, -нное, -нные** **-енный, -енная, -енное, -енные** **-ённый, -ённая, -ённое, -ённые** **-тый, -тая, -тое, -тые**

PREPOSITIONS

Types of Prepositions

Simple		Derivative		Compound	
в	*in*	около	*near, by, at*	из-под	*from under*
для	*for*	вокруг	*(a)round*	из-за	*because of*
из	*from*	путём	*by means of*		
к	*to*	благодаря	*thanks to*		
о	*about*	несмотря	*in spirit of*		
под	*under*	в течение	*during*		
перед	*in front of*	в отличие	*unlike*		
без	*without*	*and others...*			
через	*across*				
and others...					

Indication of Direction of Movement

Direction of movement *WHERE? КУДА?*	в на + Acc. case за	идти **в** парк — *to go to the park* пойти **на** концерт — *to go to the concert* заехать **за** угол — *to go behind the corner*
Approaching an object *TO WHAT? К ЧЕМУ?* **Approaching a subject** *TO WHOM? К КОМУ?*	к + Dat. case	подъехать **к** дому *to come close to the house* пойти **к** врачу — *to go to the doctor*
Starting point of movement	из с + Gen. case из-за из-под	уехать **из** Москвы — *to leave Moscow* съехать **с** холма — *to go down from a hill* встать **из-за** стола *to stand up from the table* выйти **из-под** стола *to climb from under the table*

Application of Prepositions ОТ and ИЗ

Question	Preposition + Case	Note	Example
От кого? *From whom?*	**от** + Gen. case	from **a person**	— От кого эти письма? *From whom are these letters?* — От моей бабушки. *From my grandmother.*
Откуда? *From where?*	**из** + Gen. case **с** + Gen. case	from **a place**	— Откуда эти письма? *From where are these letters?* — Из России, с Кипра. *From Russia, Cyprus.*

Prepositions В and НА and Asking ГДЕ? — КУДА?

Where? (location) Где?	*Where? (direction)* Куда?
в + Prep. case быть **в** театре — *to be in the theatre*	**в** + Acc. case идти **в** театр_ — *to go to the theatre*
на + Prep. case быть **на** почте — *to be at the post office*	**на** + Acc. case идти **на** почту — *to go to the post office*

Some Features of Usage Prepositions В and НА

	В + Prep. case			НА + Prep. case	
Continents	жить *to live*	в Америке в Европе в Африке в Азии	**The parts of the world**	находиться *to be*	на юге на западе на севере на востоке
Countries	жить *to live*	в Канаде в России в Корее	**Islands and shores of rivers, lakes, seas, mauntains**	быть *to be*	на Кубе на Байкале на море
Administrative parts of a country	жить *to live*	в республике в штате в области	**Streets, squares**	быть *to be*	на улице на площади на проспекте
Residential areas	жить *to live*	в городе в деревне	**Events, activities**	быть *to be*	на концерте на спектакле на дискотеке на работе
Educational institutions	учиться *to study*	в школе в университете			
Buildinsg premises	быть *to be*	в доме в комнате в квартире в ванной в зале в апартаментах	**Departments chairs**	учиться *to study*	на курсе на кафедре на факультете
			Floors, surfaces	находиться *to be*	на 3-ем этаже на 7-ом этаже на крыше на земле
Class group	учиться *to study*	в отряде в 5-ом классе в 1-ой группе			
Establishments institutions	быть *to be*	в кинотеатре в библиотеке в магазине в театре			

REMEMBER!

на заводе	на почте	на Урале	в фирме
на фабрике	на вокзале	на Кавказе	в Японии
на киностудии	на стадионе		

Spatial Meanings of Prepositions

Meaning	Preposition + Case	Picture	Example
1. Where- abouts (location)	**в** *in* **на** *on* } + Prep. case		быть **в** классе **на** улице *to be in class outside*
	над + Instr. case *above, over*		висеть **над** столом *to hang above the table*
	перед + Instr. case *in front of*		стоять **перед** зеркалом *to stay in front of the mirror*
	под + Instr. case *under*		лежать **под** столом *to lie under the table*
	между + Instr. case *between*		стоять **между** столами *to stay between the tables*
	у *at* **возле** *near* } + Gen. case		стоять **у** окна **возле** стола *to stay at the window near the table*
	сзади + Gen. case *behind*		стоять **сзади** меня *to stay behind me*
	среди + Gen. case *among*		стоять **среди** друзей *to stay among friends*
	вне + Gen. case *out of*		быть **вне** круга *to be out of the circle*
	посередине + Gen. case *in the middle*		быть **посередине** ... *to be in the middle of ...*
	вокруг + Gen. case *(a)round*		сидеть **вокруг** стола *to sit around the table*

134

Е. Росс. Русский язык в таблицах и схемах

Meaning	Preposition + Case	Picture	Example
2. Location associated with a person	**у** + Gen. case *at*		быть **у Зины** **у врача** **у друга** *to be* *at Zina place* *at doctor's office* *at a friend's place*

3. Place of movement of one object on the other object	**по** + Dat. case		гулять **по парку**
			по лесу
			по проспекту
			
			to go for a walk
			   in the park
			   in the forest
			   in the avenue

	мимо *pass by* **вдоль** ⎫ + Gen. case *along* ⎭		идти **мимо** аптеки **вдоль** улицы *to pass the pharmacy* *to go along the street*
	через + Acc. case *across*		прыгать **через** барьер *to jump across the barrier* переходить **через** улицу *to go across the street*
	сквозь + Acc. case *through*		пробираться **сквозь** толпу *to thread a way through a crowd*
	в *into* ⎫ + Acc. case **внутрь** ⎭ + Gen. case		войти **в** комнату *to go into the room* войти **внутрь** *to go inside*
	из + Gen. case *out of*		выйти **из** комнаты *to go out of the room* выйти **наружу** *to go outside*

Indication of Time

Meaning	Preposition	Example
Indication of time *When?*	**с** *since* **до** *before, up, until* **с... до** *from... till* **после** *after* **накануне** *on the eve of* **во время** *during* ⎫ + Gen. case	Я не видел его **с 1960** года. *I have not seen him since 1960.* Мы встречались **до войны**. *We met each other before the war.* Он работает **с** утра **до** ночи. *He works from morning till night.* Мы обсудим это **после** обеда. *We will discuss this after dinner.* Мы встретились **накануне** Рождества. *We have met each other on the eve of Christmas.* Мы отдыхали **во время** каникул. *We hade a rest during the holidays.*
	в *at, on* **через** *in* ⎫ + Acc. case	Мы приедем **в** пятницу **в** 6 часов. *We will come on Friday at 6 o'clock.* Он будет **через** 3 дня. *He will be in 3 days.*
	перед *before* **между** *between* ⎫ + Instr. case	У нас будет вечеринка **перед** выходными. *We will have a party before the weekend.* Увидимся **между** лекциями. *We will see each other between the classes.*
	в *in* **на** — ⎫ + Prep. case	Я родилась **в** апреле **в** 1992 году. *I was born in April in 1992.* Мы были в зоопарке **на** прошлой неделе. *We were in the Zoo last week.*
Duration (period) *On which period?* *For which period?* *How long?*	**на** *for* **за** *in* ⎫ + Acc. case **в течение** + Gen. case *during*	Я приехал в Москву **на** 5 месяцев. *I came to Moscow for 5 months.* Я решил эту задачу **за** 4 минуты. *I have solved this problem in 4 minutes.* Мы работали без остановки **в течение** 5 часов. *We worked non-stop during 5 hours.*
Regularity	**по** + Dat. case Plural *on*	У нас уроки русского языка **по** пятницам. *We have Russian lessons on Fridays.*
Approximation	**около** + Gen. case *about*	Я ждал посылку **около** месяца. *I was waiting for a parcel about a month.*
Deadline, limiting state, fixed period	**к** + Dat. case *by*	Я вернулся домой **к** 5 часам. *I returned home by 5 o'clock.*

Days of the Week & Months		Years & Centures
в понедельник *on Monday*	**в** январе *in January*	**в** 2003 году *in 2003*
во вторник *on Tuesday*	**в** феврале *in February*	**в** семидесятых годах *in the 1970s*
в среду *on Wednesday*	**в** марте *in March*	**в** этом году *this year*
в четверг *on Thursday*	**в** апреле *in April*	**в** прошлом году *last year*
в пятницу *on Friday*	**в** мае *in May*	**в** 17 веке *in the 17th century*
в субботу *on Saturday*	**в** июне *in June*	**в** 21 веке *in the 21st century*
в воскресенье *on Sunday*	**в** июле *in July*	
	в августе *in August*	
	в сентябре *in September*	
	в октябре *in October*	
	в ноябре *in November*	
	в декабре *in December*	

Prepositions with Time Phrases

Time		Events	
в 2 часа	*at 2 o'clock*	**перед** войной	*before the war*
к 6 часам	*by 6 o'clock*	**во время** Великой Отечественной войны	*during the Great Patriotic War*
с 7 часов	*since 7 o'clock*		
с 5 до 9 часов	*from 5 to 9 o'clock*	**после** II мировой войны	*after World War II*
до 10 часов	*till 10 o'clock*	**накануне** Рождества	*on the eve of Christmas*
через 5 минут	*in 5 minutes*	С Новым годом!	*Happy New Year!*
за 3 часа	*for 3 hours*		
без 5 минут 4	*at 5 minutes to 4*		
без четверти 3	*at a quarter to 3*		

Application of Prepositions ЧЕРЕЗ and ПОСЛЕ for Indication of Time

через + Acc. case	exact time	секунду *second* час *hour* минуту *minute* день *day* неделю *week* месяц *month* год *year*	**Через** минуту начнётся фильм. *The movie will start in one minute.*
после + Gen. case	event	фильма *movie* работы *work* концерта *performance* урока *lesson*	**После** фильма мы пойдём домой. *We will go home after the movie.*

Application of Prepositions ПЕРЕД and ДО for Time Expressions

Past   Future

перед
immediately before

до (за... до)   *without specification*

перед революцией 1917 года	*just before the revolution of 1917*
до революции 1917 года	*any time at all prior the revolution*
за 5 лет до революции 1917 года	*5 years before the revolution*

Application of Prepositions ЧЕРЕЗ and ЗА for Time Expressions

15 minutes

after

Мы будем обедать через 15 минут.
We shall have dinner in (after) 15 minutes.

15 minutes

during

Мы пообедаем за 15 минут.
We shall eat (and finish) dinner in (during) 15 minutes.

Meanings of Some Prepositional Constructions

Prepositions	Meaning	Example
из-за + Gen. case *because of*	the reason leading to unfavourable result	Я опоздал **из-за** тебя. *I am late because of you.*
благодаря + Dat. case *thanks to*	the reason leading to the positive result	**Благодаря** последним исследованиям стало возможно эффективное лечение. *Thanks to recent research, effective treatments are available.*
в связи (с) + Instr. case *in connection (with)* **ввиду** *in view of* **вследствие** *owing to* **в результате** *as a result of* + Gen. case	motive, reason	Полёт отменили **в связи** с нелётной погодой. *Flight have been cancelled in connection with non-flying weather.* Некоторые виды животных исчезли **вследствие** крупных геологических изменений. *Some species of animals disappeared owing to fundamental geological changes.* **В результате** переговоров был подписан договор. *As a result of the negotiations a treaty was signed.*
при + Prep. case *by* **в случае** + Gen. case *in case of*	condition	Этот изумруд сверкал **при** электрическом свете. *This emerald shined by electric light.* **В случае** если он придёт, мы продолжим наш разговор. *In case he comes we will continue our conversation.*
несмотря на + Acc. case *despite of* **вопреки** + Dat. case *contrary to*	concession	**Несмотря** на все предосторожности, информация просочилась в прессу. *In spite of all precautions information has seeped out.* Он поступил **вопреки** здравому смыслу. *He has acted contrary to common sense.*

Prepositions	Meaning	Example
в сравнении с *in comparison with* + Instr. case **по сравнению с** *as compared to*	comparison	Она кажется неинтересной **по сравнению со** своей сестрой. *She seems dull as compared to her sister.*
в отличие от + Gen. case *unlike*	distinction, diversity	**В отличие** от его других вопросов этот оказался очень интересным. *Unlike his other questions, that one was very interesting.*

из
от
from } + Gen. case
у
 	
в + Prep. case
at
	source of
	information
		Узнать **из** прессы.
		            от мамы.
		            в деканате.
		            у нашего декана.
		To find out *from the press.*
		             from my mother.
		             at the dean's office.
		             from our dean.

против + Gen. case *against*	object of disagreement	Он ничего не имеет **против** этого. *He has nothing against it, he does not mind.*

Saying "for" in Russian

- The English preposition **for** has several meanings, each of which is represented by a separate preposition in Russian. The table below shows the different meanings of the English preposition and associates those meanings with the corresponding Russian preposition and case.

1. To indicate the recipient of an object or condition, in either the concrete or abstract sense, use the dative case alone.	подарок **мальчику** — *gift for a boy* письмо **мне** — *a letter to/for me*
2. To express **for** in the sense of 'for the benefit of', use the preposition **для** plus the genitive case.	Она сделала это **для меня**. *She did that for me.* Он принёс это **для тёти**. *He brought this for his aunt.*
3. If for means 'in exchange for something' or 'in place of someone', use **за** and the accusative case.	Спасибо **за** вашу **помощь**. *Thanks for your help.* Он это сделал **за меня**. *He did that for (instead of) me.*
4. If the phrase meaning 'for' indicates the duration of the action referred to by the verb or the repetition of the action, use the accusative case alone.	Он читал книгу **три часа**. *He read the book (for) three hours.*
5. To indicate the duration of a period of time occurring **after** the completion of the action referred to by the verb, use **на** plus the accusative case.	Он вышел **на минуту**. *He went out for a minute.* Мы поехали в Москву **на неделю**. *We drove to Moscow for a week.*
6. Where **for** means 'to get' (e.g. 'he went for the newspaper') means 'he went to get the newspaper', use **за** plus the instrumental case in Russian.	Он пошёл **за хлебом**. *He went for (to get) the bread.* Он заехал **за мной**. *He picked up me.*
7. **For** in the sense of support, e.g. I'm for peace means 'I support peace', where for is the antonym of against, use **за** plus the accusative case.	Я **за** всеобщее **разоружение**. *I'm for general disarmament.*
8. **For** in the sense of a deadline or due date is expressed by **на** plus the accusative case.	задание **на завтра** *the assignment for tomorrow*

Summary of Prepositions and Cases

Gen.	Dat.	Acc.	Instr.	Prep.	Translation
без, безо					*without*
	благодаря				*thanks to*
близ					*near*
		в, во		в, во	*in, into (dir.)* *in (loc.)*
вдоль					*along*
вместо					*instead of*
вне					*outside of*
внутри					*inside of*
возле					*alongside, beside,* *by, near*
вокруг					*around*
	вопреки				*against, in spirit of*
для					*for (a person or* *purpose)*
до					*before, up to, as far* *as, until*
		за	за		*behind, beyond* *(dir.) (in return)* *for, at* *behind, beyond (loc.)* *(call) for, (go) for at* *(dinner, work, etc.)*
из, изо					*out of, from (place)*
из-за					*from behind,* *because of*
из-под					*from under*
	к, ко				*to, toward, by*
кроме					*besides, except*

Gen.	Dat.	Acc.	Instr.	Prep.	Translation
кругом					*around*
			между		*among, between*
мимо					*pass, by*
		на		на	*on, to, onto, upon, at (dir.), for (time), by on, at (loc.), by (vehicle)*
	навстречу				*toward, to meet a person (with verbs of motion)*
			над, надо		*above, over, (work) on, (laugh) at*
накануне					*on the eve of*
	наперекор				*in defiance of, against*
		о, об, обо		о, об,обо	*against, over about, concerning*
около					*about, near, next to*
от, ото					*from, away from*
			перед		*in front of, before*
	по	по		по	*along, according to till, up to and including after, upon*
		под, подо	под, подо		*under (dir.) under (loc.)*
подле					*alongside of, near by, beside*
позади, сзади					*behind*
после					*after*

Gen.	Dat.	Acc.	Instr.	Prep.	Translation
посреди, посередине					*in the middle of*
				при	*in the presence of, at the time of, at, near, by, affiliated with*
		про			*about, concerning (coll.)*
против					*against, opposite*
ради					*for the sake of*
с, со		**с, со**	**с, со**		*from, off, since about (approximately) with*
сверх					*over (more than)*
		сквозь			*through (inside)*
	согласно				*according to*
среди					*among*
у					*at the house of, in the possession of, near, by, at*
		через			*through, across, over, via, by, after (time)*

Pronunciation of Preposition

- Preposition is pronounced together with the following word and are usually unstressed.

- Before words beginning with a voiceless consonant, the prepositions

из		[ис]
без		[бес]
через	*are pronounced*	[чер'ис]
сквозь		[сквос']
близ		[бл'ис]

- Before words beginning with a voiceless consonant, the last consonants of prepositions

в		[ф]
против		[прот'иф]
из-под	*become voiceless and are pronounced*	[ис-пат]
под		[пот]
перед		[пер'ит]

Compare: [в дом, прот'ив вол'и, пад афтобус]

- The preposition **о** is used before words beginning with a consonant or with the vowels **е , ё, ю, я**.

    For example, о студенте, о языке, о юморе.

Another form of the same preposition, **об**, is used before words beginning with the vowels **э, о, у, а, и.**

    For example, об отце, об истории, об учителе.

Another form of the same preposition, **обо**, is used before groups of consonants:

    For example, обо мне, обо всём.

CONJUNCTIONS

Types of Conjunctions

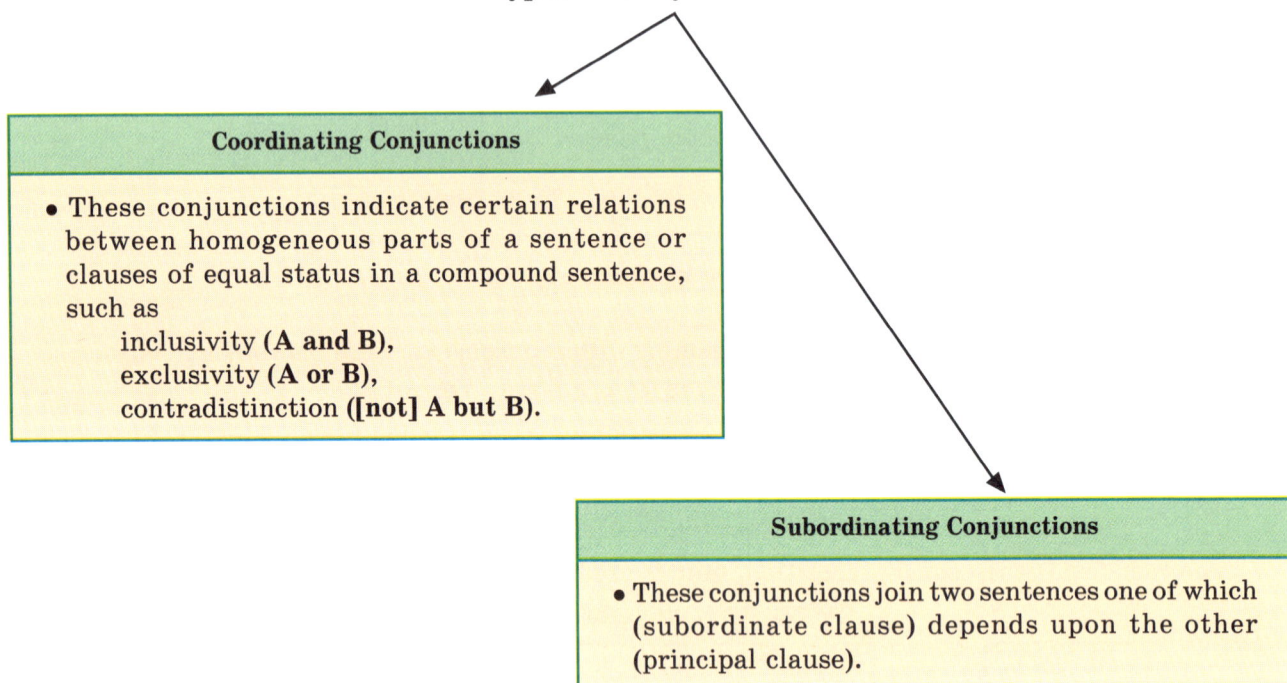

Coordinating Conjunctions

- These conjunctions indicate certain relations between homogeneous parts of a sentence or clauses of equal status in a compound sentence, such as

  inclusivity (**A and B**),
  exclusivity (**A or B**),
  contradistinction (**[not] A but B**).

Subordinating Conjunctions

- These conjunctions join two sentences one of which (subordinate clause) depends upon the other (principal clause).

COORDINATING CONJUNCTIONS

Types		Example

1. Inclusive	**и**
	да (=и)
	and
	
	и..., и
	как..., так и
	both... and
	
	ни..., ни
	neither... nor
	
	тоже
	также
	too, also
		Я видел Бориса **и** Тома. *I saw Boris and Tom.*
		Щи **да** каша — пища наша.
		    Soup and kasha (gruel) are our staples.
		Мы купили **и** карту, **и** атлас.
		    We have bought both a map and an atlas.
		Как мальчики, **так и** девочки участвовали в концерте.
		    Both the boys and the girls took part in the performance.
		Ни Пётр, **ни** Павел не знают об этом разговоре.
		    Neither Peter nor Paul knows about this conversation.
		Я студент, **и** он студент.
		    I am a student, and he is (also) a student.
		Я изучаю русский язык, мой друг **тоже/также** изучает его.
		    I study Russian language, and my friend studies it too.

2. Exclusive	**или/либо**
	or
	или... или
	либо... либо
	either... or
	то... то
	first... then
		Джон купил **или** продал пейджер?
		    Did John buy or sell a pager?
		Мишель едет **или** в Лондон, **или** в Париж.
		    Michelle is going either to London or to Paris.
		То Бриана, **то** Кэти дразнили бедного Дашмира.
		    First Briana then Katie teased poor Dashmir.

3. Contra-dictory	**а, но, да (=но)**
	but
	
	однако
	however
		Это не Олег, **а** Владимир. *That isn't Oleg but Vladimir.*
		Это не Наталья, **но** она очень похожа на неё.
		    That isn't Natalia but she looks a lot like her.
		Я давно хотел написать тебе, **да** забыл адрес.
		    I've been meaning to write you for a long time but I forgot your address.
		Мама просит меня не курить, **однако** я курю.
		    My mother requests me not to smoke; however I smoke.

4. Explana-tory	**то есть**
	i.e., that is
	
	а именно
	namely
		Мы жили как обычно, **то есть** работали, учились, отдыхали.
		    We lived as usually, i.e., we worked, studied, and had a rest.
		Я изучаю иностранные языки, **а именно**: русский и французский.
		    I study foreign languages, namely, Russian and French.

SUBORDINATING CONJUNCTIONS

Types		Example
1. Causative	**потому что** *because* **так как** *as, since*	Я надел тёплое пальто, **потому что** было холодно. *I have put on a warm coat because it was cold.* Он не может передать ей книгу, **так как** она уже уехала. *He can't give her the book as/since she has already left.*
2. Objective	(answer to the case form questions) **что** *that*	Мне показалось, **что** вчера он был в кинотеатре. *It seemed to me that yesterday he was at the cinema.*
3. Purposal	**чтобы** + infinitive **чтобы** + past tense **для того чтобы** *in order to*	Я пришла, **чтобы** увидеть его. *I've come to see him.* Он хотел, **чтобы** я купил билеты. *He wanted that I have bought the tickets.* **Для того чтобы** знать, надо учиться. *In order to know, it is necessary to study.*
4. Temporal	**когда** *when* **пока** *while* **с тех пор, как** *since*	Он уедет, **когда** закончит работу. *He will leave when he has finished his work.* **Пока** я читал, пошёл снег. *While I was reading, it began to snow.* **С тех пор, как** я живу в Москве, я изучаю русский язык. *Since I live in Moscow, I study Russian.*
5. Concessive	**хотя** *although*	Я проснулся, **хотя** было ещё очень рано. *I awoke although it was too early yet.*
6. Condition	**если** **если бы** *if*	**Если** ты хочешь, я дам тебе свою книгу. *If you want, I will give you my book.* **Если бы** я знал его адрес, я написал бы ему. *If I knew his address, I would write him.*
7. Consecutive	**так что** *so* **поэтому** *therefore*	Я не знаю этого человека, **так что** ничего не могу рассказать о нём. *I don't know this man, so I can't tell you anything about him.* Я много занимался, **поэтому** сдал экзамены хорошо. *I studied a lot; therefore I have passed the examinations well.*
8. Comparative	**словно** *as if, like* **как будто** **чем** *than*	Она встала, **словно/как будто** вспомнив что-то. *She stood up as if she remembered something.* Этот дом сейчас красивее, **чем** раньше. *Now this house is more beautiful than before.*

148

Е. Росс. Русский язык в таблицах и схемах

Comparative Correlation of Prepositions and Conjunctions

Table I

Causative Preposition	Conjunction
благодаря + Dat. Case Антон смог перевести текст <u>благодаря</u> моей помощи. *Anton could translate the text thanks to my help.*	**благодаря тому, что** Антон смог перевести текст <u>благодаря тому, что</u> я помог ему. *Thanks to the fact that I have helped him, Anton could translate the text.*
из-за + Gen. Case <u>Из-за</u> опоздания мы не смогли поехать на экскурсию. *We could not go to excursion because of delay.*	**из-за того, что** <u>Из-за того что</u> мы опоздали, мы не смогли поехать на экскурсию. *We could not go on excursion because of that we were late.*
вследствие + Gen. Case <u>Вследствие</u> успешного проведения опыта учёные пришли к интересному решению. *The scientists came to the interesting decision owing to successful realization of experience.*	**вследствие того, что** <u>Вследствие того что</u> опыты были проведены успешно, учёные пришли к интересному решению. *The scientists came to the interesting decision because the experiences were carried out successfully.*
в результате + Gen. Case <u>В результате</u> аварии у меня сломалась машина. *My car has broken as a result of accident.*	**в результате того, что** <u>В результате того что</u> произошла авария, у меня сломалась машина. *As a result that there was an accident, my car was broken.*
в связи с + Instr. Case <u>В связи с</u> усилением ветра полёт отменяется. *The flight is cancelled in connection with an intensification of wind.*	**в связи с тем, что** <u>В связи с тем что</u> ветер усилился, полёт отменяется. *In connection with the fact that the wind has intensified, the flight is cancelled.*

PARTICLES

Types of Particles

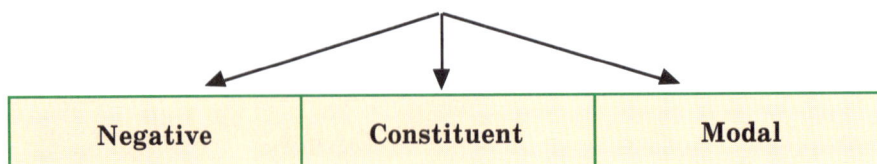

Negative	Constituent	Modal

Constituent Particles

1. For the formation of conditional mood **бы**	Я написал <u>бы</u>, если <u>бы</u> не был занят. *I would write if I were not busy.* Антон хотел <u>бы</u> помочь своим друзьям. *Anton would like to help his friends.*
2. For the formation of imperative mood **пусть, давай**	<u>Пусть</u> он прочитает. *Let him read.*

Negative Particles

1. Particle **не** express negation.	Он <u>не</u> студент. *He isn't a student.* Элен <u>не</u> говорит по-русски. *Elaine doesn't speak Russian.*
2. Particle **ни** denotes strengthening, intensity of negation.	<u>Ни</u> он, <u>ни</u> я, <u>ни</u> ты не были там. *Neither he, nor I nor you were there.*

Modal Particles

Meaning	Particle	Example	
1. Affirma-tion	**так** *right* **да** *yes* **хорошо** **ладно** *ok*	— Вы их знаете? — Да, знаю. — Ты приедешь или нет? — Ладно. Я приеду. — Позвони мне! — Хорошо. — Я всё так делаю? — Так, так.	— *Do you know them?* — *Yes, I do.* — *Will you come or not?* — *Ok. I will come.* — *Call me!* — *Ok.* — *Am I doing right?* — *All right.*

2. Question	**разве**
	неужели
	ли
	really, surely
		Разве вы не можете повлиять на него?
		     Have you no influence over him?
		Неужели?
		     Haven't you?
		Неужели это правда?
		     Can that be true? Can't it?
		Далеко ли ты живёшь?
		     Do you live far?	

3. Selection	**вот** *here* **вон** *there, over there*	Вот (здесь). Вон там! Вот наш дом.	*Here.* *There!* *Here is our house.*
4. Limita-tion	**только (всего)** *but* **лишь** *only*	Сейчас только два часа. Сейчас всего два часа. У меня лишь один билет.	*It's but two o'clock.* *It's but two o'clock.* *I have only one ticket.*
5. Intensifi-cation	**ведь** *but* **даже** *even* **же** *but, then, after all*	Ты ведь знаешь его. Даже он знает. Я же говорил об этом. Иди же!	*But you know him.* *Even he knows.* *But I told you that.* *Go then!*
6. Accent	**именно** *that is, exactly* **как раз** *just*	Именно это я хотел сказать. Вы пришли как раз вовремя.	*That is one I wanted to say.* *You came just in time.*

INTERJECTIONS

Meaning	Interjection		Example
1. Admiration or Gladness	**Ах!** *Wow!*		<u>Ах</u>, какие красивые цветы! *Wow! What the beautiful flowers!*
2. Fright or Pain	**Ой! Ай!** *Oh!*		<u>Ой</u>, боюсь! *Oh! I am afraid!* <u>Ай,</u> больно! *Oh! It hurts!*
3. Disappoint-ment	**Увы!** *Alas!*		<u>Увы!</u> Мне не повезло. *Alas! I am not lucky.*
4. Greeting	**Алло!** *Hallo!*		<u>Алло!</u> Это Ольга? *Hallo! Is it Olga?*
5. Perplexity	**Гм...** *Hum...*		<u>Гм...</u> Что это? *Hum... What is this?*
6. Address	**Эй!** *Hey!*		<u>Эй,</u> ты! Иди сюда! *Hey, you! Come here!*
7. Gladness of a Victory	**Ура!** *Hurrah!*		<u>Ура!</u> Я выиграл миллион! *Hurrah! I have won one million!*

V. SINTAX

RUSSIAN SENTENCE

WORD ORDER

- In the Russian language, the word order is rather flexible.

- In an ordinary statement the word order usually is: **SUBJECT — VERB — OBJECT**; however the Russian grammar rules allow to use virtually any combination of subject, verb and object within the sentence.

  For example, the sentence "A cat caught a mouse" can be translated into Russian in the following ways:

  1. Кошка поймала мышь.
  2. Мышь поймала кошка.
  3. Поймала кошка мышь.
  4. Кошка мышь поймала.
  5. Мышь кошка поймала.
  6. Поймала мышь кошка.

Scheme of Ordinary Sentence

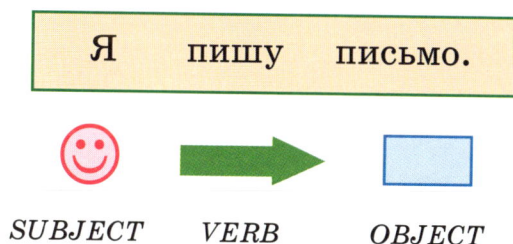

Я   пишу   письмо.

SUBJECT   *VERB*   *OBJECT*

- The word order does not change the meaning if the sentence is taken out of context, as you could see in the example above. If the sentence is a part of particular setting, the rearrangement of words changes the meaning.

- By changing the order of words it is possible to express different meanings, and these distinctions can be important in conversation.

Examples

Я приглашаю Вас **на обед**.	*I invite you for a lunch (and not for a supper).*
На обед я приглашаю **Вас**.	*I invite <u>you</u> (and not your friend) for a lunch.*
На обед приглашаю Вас **я**.	*<u>I</u> (and not my friend) invite you for a lunch.*

Some Features of Russian Word Order

1. If a speaker wants to tell about past events, as in a narrative, the sentence starts from the **verb**.	<u>Было</u> это в январе. <u>Шёл</u> я по улице. Вдруг <u>вижу</u> — ты идёшь навстречу… *It was in January. I was walking down a street. Suddenly I saw you going towards me…*
2. No **inversion** is necessary with a question.	Это ваша книга? *Is this your book?* Вы читали это? *Have you read this?*
3. The **verb** put in the end of the sentence is characteristic for some questions (after an interrogative words).	Как тебя <u>зовут</u>? *What is your name?* Где ты <u>был</u>? *Where have you been?*
4. **Expressions of time and place** are commonly placed at the beginning.	<u>Вчера</u> <u>вечером</u> мы ходили в кино. *We went to the cinema last night.*
5. **In interrogative sentences** adverbial modifiers of time and place are put at the end of the sentence.	Что вы делали <u>вечером</u>? *What did you do in the evening?*
6. **The adverb of manner** usually precedes the verb. However, if the speaker wishes to emphasize the adverb, he may place it after the verb.	Я <u>хорошо</u> читаю. *I read well.* Я читаю <u>хорошо</u>.
7. In sentences describing **natural phenomena** the subject is generally put at the end.	Идёт <u>снег</u>. *It is snowing.* До вокзала <u>два километра</u>. *It is two kilometers to the station.*

TYPES OF RUSSIAN SENTENCES

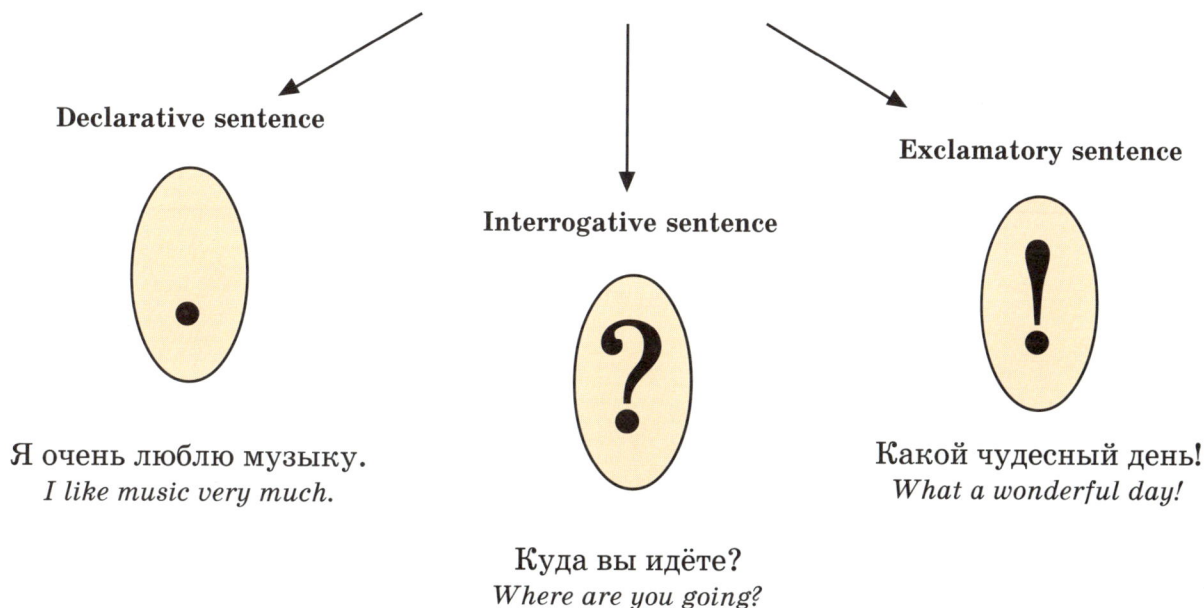

Declarative sentence

Я очень люблю музыку.
I like music very much.

Interrogative sentence

Куда вы идёте?
Where are you going?

Exclamatory sentence

Какой чудесный день!
What a wonderful day!

MAIN PARTS OF RUSSIAN SENTENCE

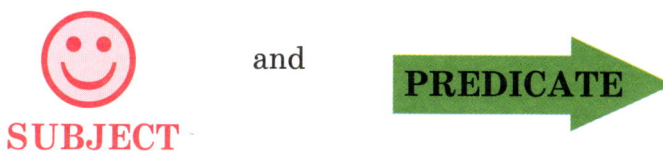

SUBJECT and **PREDICATE**

Subject of Russian Sentence

- **Subject** is a main part (or "member") of Russian sentence, which answers the question **КТО?** or **ЧТО?**

Some Types of Subject

Usually (not always!)	
Noun *in Nom. case*	**Pronoun** *in Nom. case*
Отец работает инженером. *The father works as an engineer.*	**Он** говорит по-русски. *He speaks Russian.*
Лондон — столица Англии. *London is the capital of England.*	**Мы** говорили долго. *We talked for a long time.*

Predicate of Russian Sentence

- Predicate is a main part (or "member") of Russian sentence, which answers the question
Что делать? or **Что сделать?**

- The predicate can be simple or compound.

Some Types of Predicate

Simple	Compound
Finite form of a Verb	*Finite form of a Verb + Infinitive* *or* *Verb + Noun, or Adjective, or Numeral, or Adverb*
Я <u>читаю</u> книгу. *I am reading a book.* Олег <u>работает</u> в театре. *Oleg works in the theatre.* Она <u>переведёт</u> этот текст завтра. *She will translate this text tomorrow.*	Артур <u>начал писать</u> роман. *Arthur began to write a novel.* Москва — <u>(есть) столица</u> России. *Moscow is a capital of Russia.* Все дома <u>были каменные</u>. *All the houses were made of stone.* Их <u>было четверо</u>. *There were four of them.*

- The Subject may have two and more similar Predicates:

Я <u>говорю</u>, <u>читаю</u> и <u>пишу</u> по-русски. *I speak, read, and write in Russian.*

- Two and more similar subjects may have one predicate, which relates to all of them:

<u>Антон</u>, <u>Пётр</u> и <u>Виктор</u> <u>работают</u> вместе. *Anton, Pete and Victor work together.*

- There are several types of the **impersonal** sentences (= expressions). Here are given just some of them:

<u>Темнеет</u>. *It is getting dark.*

Мне <u>везёт</u>. *I am lucky.*

Здесь <u>тихо</u>. *It is quiet here.*

<u>Ночь</u>. *It is night.*

Ей <u>предстоит сдавать</u> экзамены. *She will have to take examinations.*

SIMPLE AND COMPLEX RUSSIAN SENTENCES

Simple Sentence

Subject + Predicate	Impersonal expression
Старик открыл дверь. *The old man opened the door.* Таня и Света говорили по-русски. *Tanya and Sveta spoke Russian.* Земля велика и прекрасна. *The earth is great and beautiful.* Мой брат — (есть) учитель. *My brother is a teacher.* Он должен сделать эту работу. *He has to do this work.*	Морозит. *It freezes.* Нам пришлось вернуться. *We had to return.* Мне надоело писать. *I am tired of writing.* Ему стало холодно. *He felt cold.* Утро. *It is morning.* Весна. *It is spring.*

Complex Sentence

Without conjunctions	With conjunctions	
	Independent clauses	Subordinate clauses
Солнце заходило, его последние лучи полосами распространялись по небу. *The sun was setting, its last rays spreading in shafts over the sky.*	Она читала книгу, **а** брат писал письмо. *She was reading a book and her brother was writing a letter.* Мы ждали его целый день, **но** он не приходил. *We had been waiting for him all day, but he didn't come.*	Я не знаю, **где** он живёт. *I don't know where he lives.* Я пойду с тобой, **если** будет время. *I'll go with you if I have time.* Я не понимаю, **что** вы говорите. *I don't understand what you are saying.* Он смотрел, **как** летают птицы. *He watched the birds flying in the sky.*

RUSSIAN PUNCTUATION

COMMA

Some cases of comma uses	
1. Commas are placed between the clauses (either independent or subordinate) of a complex sentence.	Мы ждали, чтобы он вернулся. *We waited for him to return.* Я приду, если я не буду слишком занята. *I shall come unless (if...not) I am too busy.* Человек ходит, птицы летают, а рыбы плавают. *Man walks, birds fly, and fishes swim.*
2. Commas are placed between the similar members of a sentence.	Погода стояла прекрасная, спокойная, но не очень тёплая. *The weather was beautiful, calm, thought not very warm.*
3. Commas are used with comparisons.	Он такой же умный, как она. *He is as intelligent as she.*
4. Commas separate off the adjective participles accompanied by qualifying words, if they are after the defined word.	Горы, покрытые снегом, блестели на утреннем солнце. *The snow-covered mountains gleamed in the morning sun.*
5. Commas separate off the adverbial participles with or without qualifying words.	Возвращаясь из Персии, Печорин умер. *Pechorin had died on his way back from Persia.*
6. The use of commas for parenthesis.	Вы, конечно, правы. *Of course you are right.* Дайте, пожалуйста, воды. *Give me some water please.*
7. Apostrophes together with all words referring to them are separated off by commas.	Никита, где ты? *Nikita, where are you?* Мой милый друг, как поживаешь? *My dear friend, how are you?*

COLON

Some cases of colon uses	
1. A colon is placed before an enumeration ending a sentence if a general term precedes the enumeration.	Здесь было много разной <u>рыбы</u>: <u>щуки, сомы, судаки, карпы</u>. *There was a lot of different fish: pikes, catfishes, pikeperches, and carps.*
2. A colon is placed before an enumeration if the enumeration is preceded by the words **например, а именно,** and **как-то**.	Я посетил крупнейшие города России, <u>а именно</u>: Москву, Санкт-Петербург, Новгород, Тулу. *I have visited the biggest cities of Russia, namely, Moscow, St. Petersburg, Novgorod, and Tula.*
3. A colon is placed between two clauses which are not joined by conjunctions if in the first clause the use of such verbs as **видеть, смотреть, знать, чувствовать**, etc. indicates that some description or the exposition of certain facts is about to follow.	Я <u>знаю</u>: в вашем сердце есть и гордость, и прямая честь. (А.Пушкин) *I know there are both pride and honour in your heart.*

DASH

Some cases of dash uses	
1. A dash is used when the verb **быть** is omitted, particularly in definitive statements where both the subject and its complement are nouns.	<u>Лондон</u> — <u>столица</u> Англии. *London is the capital of England.* <u>Книга</u> — <u>источник</u> знаний. *A book is a source of knowledge.*
2. A dash is used when the verb **быть** is omitted in definitive statements and **это** or **вот** is interpolated.	Интернет — <u>это</u> великое достижение науки. *Internet is a great scientific achievement.*
3. A dash is used in the written dialogue. Each remark is written on the new line, and dash is placed before the statement.	— Привет, Джон *Hi, John!* — Привет, Иван! *Hi, Ivan!* — Куда ты идёшь? *Where are you going?* — В библиотеку. *(I am going) to the library.*

DIRECT SPEECH AND REPORTED WORDS

- **Direct speech** gives the exact words someone has said.

- **Reported words** indicate the identity of the speaker.

- In Russian, the reported words can precede the direct speech or they can be placed after it. The punctuation of the direct speech depends on the position of the reported words in the sentence.

R	**S**
Reported words	Direct speech

- While writing a sentence in the direct speech, you should note the following:
1. The quoted words should always begin with a capital letter.
2. In Russian inverted commas (кавычки) are printed «   ».

Direct Speech *after* Reported Words

Schema	Example
R : « **S** ».	Учитель сказал: «Урок окончен». *The teacher said, "The lesson is over."*
R : « **S** ?»	Он спросил: «Кто там?» *He asked, "Who is there?"*
R : « **S** !»	Мама сказала: «Перестаньте шуметь!» *Mother said, "Stop making that noise!"*

Direct Speech *before* Reported Words

Schema	Example
« **S** », — **r** .	«Урок окончен», — сказал учитель. *"The lesson is over," the teacher said.*
« **S** ?» — **r** .	«Кто там?» — спросил он. *"Who is there?" he asked.*
« **S** !» — **r** .	«Перестаньте шуметь!» — сказала мама. *"Stop making that noise!" mother said.*

PARENTHESES

Some Types of Parentheses

Meaning	Example
1. Affirmation.	конечно (*of course*) несомненно (*surely, no doubt*) естественно (*naturally*) действительно (*indeed*) возможно (*perhaps*) кажется (*it seems*) может быть (*maybe*) вероятно (*probably*)
2. Expression of feelings and emotion.	к счастью (*fortunately*) к несчастью (*unfortunately*) к ужасу (*to horror*) к радости (*happily*) к сожалению (*unfortunately*)
3. Source of report.	говорят (*it is said, they say*) сообщают (*as they inform*) по словам такого-то (*according to somebody's words*) по-моему (*in my opinion*) по её/его мнению (*in her/his opinion*)
4. Connection of thoughts in the text.	во-первых (*firstly*) во-вторых (*secondly*) итак (*thus, and so*) следовательно (*consequently, hence*) наконец (*at last*) между прочим (*by the way*)
5. More accurate definition and formulating of thoughts.	одним словом (*in a word*) вообще (*generally*) иначе говоря (*in other words*) так сказать (*so to speak*)
6. Address for drawing one's attention.	видишь (ли), понимаешь, знаешь (*you see, you understand, you know*) пожалуйста (*please*) скажем, допустим (*let's assume that*)

VI. LEXICOLOGY

- Lexicology is that branch of linguistics, which deals with the meaning and usage of words, as conceived in a dictionary or thesaurus.

MULTI-MEANING WORDS

- Some Russian words may have not only a primary lexical, but also figurative (= metaphorical) meanings. Such words are called **multi-meaning words.** The multi-meaning words name the different things that are similar in something.

Examples

Primary meaning		Figurative meaning	
берег **моря**	*coast of the sea*	**море** удовольствия	
		sea of pleasure (huge as a sea)	
дамская **шляпка**	*lady's hat*	**шляпка** гриба	*hat of a mushroom*
барабанить в барабан	*to beat the drum*	**барабанить** в дверь	
		to knock (like to beat the drum) on a door	

HOMONYMS

- **Homonym** is one of two or more words that have the same sound and the same spelling but differ in its lexical meaning.

Examples

1) спортивный **клуб**	*sport club*
клуб дыма	*cloud of smoke*
2) **ключ** от двери	*key from the door*
гаечный **ключ**	*wrench*
ключ (источник)	*spring, source*
3) девичья **коса**	*girl's braid*
коса для покоса	*scythe for (hay) mowing*

ARCHAISMS

- An **archaism** is the deliberate use of an older form that has fallen out of current use. Archaisms are most frequently encountered in poetry and ritual writing and speech.

Examples

> боярин — *boyar (member of old nobility in Russia)*
>
> аршин — *0,71 meter (old measure of length)*
>
> длань — *palm (modern word — ладонь)*
>
> ланиты — *cheeks (modern word — щёки)*

BORROWED WORDS

- As other european languages as Russian language has an amount of international words or words that have been borrowed (or loaned) from other languages.

Examples

From Church Slavonic: враг (*old Russian* — ворог) — *enemy*
сладкий (*old Russian* — солодкий) — *sweet*
храбрый (*old Russian* — хоробрый) — *brave*

From Latin: глобус — *globe*
цирк — *circus*

From Greek: математика — *mathematics*, монах — *monk*
кукла — *doll*, философия — *philosophy*

From French: авангард — *avant guarde*, бульвар — *boulevard, avenue*
бульон — *bouillon*, вуаль — *veil*

From German: бутерброд — *Butterbrot*, шницель — *Schnitzel*
стул — *Stuhl*, флаг — *Flagge*

From English: Интернет — *Internet*, экспорт — *export*
митинг — *meeting*, менеджмент — *management*

From Turkic: лошадь — *horse*, богатырь — *hero*, деньги — *money*

From Italian: тенор — *tenor*, альт — *alto*
виолончель — *violoncello*

PHRASEOLOGISMS

Examples

лить бальзам на душу — *to have a soothing effect on smb. = to pour balm into smb's heart // That's music to my ears.*

жить бок о бок — *to live side by side*

была не была — *I'll risk it. = Come what may. // I am willing to gamble.*

доверяй, но проверяй — *Trust but check up. // Verification before ratification.*

ни пуха ни пера — *We (I) wish you good luck. // Godspeed to you. // Keep your fingers crossed.*

хлопот полон рот — *to have lots of daily problems and be busy // To have one's hands full.*

поезд (уже) ушёл — *It is too late to do it. // The bus is gone. // The axe has fallen.*

Москва слезам не верит — *Tears cannot justify anything. = Moscow doesn't believe in tears. // Who would trust crocodile tears?*

SYNONYMS

Examples

1) большой — огромный — громадный
   big — huge — enormous

2) интересный — увлекательный — захватывающий — занимательный
   interesting — exciting — engrossing — entertaining

3) бояться — страшиться
   to be afraid — to be frightened

4) беспокоиться — тревожиться
   to worry — to be anxious

5) термометр — градусник
   thermometer

6) ароматный — душистый — пахучий
   aromatic — fragrant

7) разглядывать — рассматривать
   to examine — to consider

ANTONYMS

Examples

радость — горе	*joy, pleasure — grief*
победа — поражение	*victory — defeat*
большой — маленький	*large — small*
сладкий — горький	*sweet — bitter*
See also page 61	
говорить — молчать	*to speak — to be silent*
спрашивать — отвечать	*to ask — to answer*
строить — ломать	*to build — to break*
много — мало	*many, much — a little*
тихо — громко	*silently — loudly*
See also page 85	

List of Linguistic Terms

A

accusative n: the grammatical case that marks the direct object of a verb or the object of any of several prepositions. See also case.

accent n: **1.** an articulative effort giving prominence to one syllable over adjacent syllables; the prominence thus given a syllable. See also <u>word stress</u>.

adjective n: a word belonging to one of the major form classes in any of numerous languages and typically serving as a modifier of a noun to denote a quality of the thing named, to indicate its quantity or extent, or to specify a thing as distinct from something else. See part of speech.

adverb n: a word belonging to one of the major form classes in any of numerous languages, typically serving as a modifier of a verb, an adjective, another adverb, a preposition, a phrase, a clause, or a sentence, expressing some relation of manner or quality, place, time, degree, number, cause, opposition, affirmation, or denial. See part of speech.

antonym n: a word of opposite meaning. See also synonym. Compare homonym.

aspect n: the nature of the action of a verb as to its beginning, duration, completion, or repetition and without reference to its position in time; a set of inflected verb forms that indicate aspect. See also verb.

C

case n: an inflectional form of a noun, pronoun, or adjective indicating its grammatical relation to other words; such a relation whether indicated by inflection or not. See also accusative, dative, genitive, nominative.

conjugation n: **1.** a schematic arrangement of the inflectional forms of a verb; **2.** verb inflection; **3.** a class of verbs having the same type of inflectional forms. See also verb.

conjunction n: an uninflected linguistic form that joins together sentences, clauses, phrases, or words.

consonant n: one of a class of speech sounds (as [p], [g], [n], [l], [s], [r]) characterized by constriction or closure at one or more points in the breath channel.

D

dative n: the grammatical case that marks typically the indirect object of a verb, the object of some prepositions, or a possessor. See also case.

degree n: one of the forms or sets of forms used in the comparison of an adjective or adverb.

direct object n: a word or phrase denoting the goal or the result of the action of a verb.

E

ending n: a changeable part, which shows the relation of the word to the other words in the sentence. It gives the word its grammatical meaning.

F

feminine adj: the gender that ordinarily includes most words or grammatical forms referring to females. See also gender, masculine, neuter.

first person n: **1.** a set of linguistic forms (as verb forms and pronouns inflectional) referring to the speaker or writer of the utterance in which they occur; a linguistic form belonging to such a set; reference of a linguistic form to the speaker or writer of the utterance in which it occurs.

G

gender n: **1.** a subclass within a grammatical class (as noun, pronoun, adjective, or verb) of a language that is partly arbitrary but also partly based on distinguishable characteristics (as shape, social rank, manner of existence, or sex) and that determines agreement with and selection of other words or grammatical forms; **2.** membership of a word or a grammatical form in such a subclass. See also feminine, masculine, neuter.

genitive n: a grammatical case marking typically a relationship of possessor or source. See also case.

grammar n: **1.** the study of sentence structure, esp. with reference to syntax and morphology.
2. systematic account of the rules governing language in general.

H

homonym n: one of two or more words spelled and pronounced alike but different in meaning (as the adjective sound and the noun sound). Compare antonym, synonim.

I

imperfective adj: of a verb form or aspect — expressing action as incomplete or without reference to completion or as reiterated. See also aspect, perfective, verb.

indirect object n: a grammatical object representing the secondary goal of the action of its verb — as *her* in "I gave her the book".

infinitive n: a verb form that displays some characteristics of a verb.

interjection n: a word or phrase used in exclamation (as "Heavens!", "Dear me!"). See part of speech.

intransitive verb n : verb that may not have a direct object.

L

language n: **1.** the words, their pronunciation, and the methods of combining them used and understood by a community; **2.** audible, articulate, meaningful sound as produced by the action of the vocal organs; **3.** a systematic means of communicating ideas or feelings by the use of conventionalized signs, sounds, gestures, or marks having understood meanings; **4.** the suggestion by objects, actions, or conditions of associated ideas or feelings; **5.** a formal system of signs and symbols (as FORTRAN or a calculus in logic) including rules for the formation and transformation of admissible expressions; **6.** machine language; **7.** form or manner of verbal expression; specif. style; **8.** the vocabulary and phraseology belonging to an art or a department of knowledge; **9.** the study of language esp. as a school subject.

M

masculine adj: the gender that ordinarily includes most words or grammatical forms referring to males. See also feminine, gender, neuter.

mood n: distinction of form or a particular set of inflectional forms of a verb to express whether the action or state it denotes is conceived as fact or in some other manner (as command, possibility, or wish).

morphology n: the study of forms of language, especially the different forms used in declensions, conjugations, and word building.

N

neuter adj: the gender that ordinarily includes most words or grammatical forms referring to things classed as neither masculine nor feminine. See also feminine, gender, masculine.

nominative n: the case marking typically the subject of a verb esp. in languages that have relatively full inflection. See also case.

noun n: any member of a class of words that typically can be combined with determiners to serve as the subject of a verb, can be interpreted as singular or plural (and in some languages dual), can be replaced with a pronoun, and refer to an entity, quality, state, action, or concept. See part of speech.

number n: a distinction of word form to denote reference to one or more than one; also: a form or group of forms so distinguished. See singular, plural.

O

object n: **1.** a noun or noun equivalent (as a pronoun, gerund, or clause) denoting the goal or result of the action of a verb; **2.** a noun or noun equivalent in a prepositional phrase. See also direct object, indirect object, subject.

orthography n: **1.** the art of writing words with the proper letters according to standard usage; **2.** the representation of the sounds of a language by written or printed symbols; **3.** a part of language study that deals with letters and spelling.

P

part of speech n: a traditional class of words distinguished according to the kind of idea denoted and the function performed in a sentence.

participle n: a word having the characteristics of both verb and adjective.

perfective adj: of a verb form or aspect — expressing action as complete or with reference to completion or result. See also aspect, imperfective, verb.

plural adj: grammatical forms usually used to denote more than one or in some languages more than two. See also number.

predicate n: the part of a sentence or clause that expresses what is said of the subject and that usu. consists of a verb with or without objects, complements, or adverbial modifiers.

prefix n: an affix attached to the beginning of a word, base, or phrase and serving to produce a derivative word or an inflectional form. Compare suffix.

preposition n: a function word that typically combines with a noun phrase to form a phrase which usually expresses a modification or predication.

pronoun n: any of a small set of words in a language that are used as substitutes for nouns or noun phrases and whose referents are named or understood in the context. See part of speech.

phonetics n: a branch of linguistics dealing with the analysis, description, and classification of speech sounds, or segments.

R

reflexive verb n: verb relating to an action directed back on the agent or the grammatical subject (as in "he perjured himself").

root n: the simple element inferred as the basis from which a word is derived by phonetic change

E. Ross. Basic Russian in Tables and Diagrams

167

or by extension (as composition or the addition of an affix or inflectional ending).

S

second person n: **1.** a set of linguistic forms (as verb forms, pronouns, and inflectional affixes) referring to the person or thing addressed in the utterance in which they occur; a linguistic form belonging to such a set;

sentence n: a word, clause, or phrase or a group of clauses or phrases forming a syntactic unit which expresses an assertion, a question, a command, a wish, an exclamation, or the performance of an action, that in writing usually begins with a capital letter and concludes with appropriate end punctuation, and that in speaking is distinguished by characteristic patterns of stress, pitch, and pauses.

singular adj: a word form denoting one person, thing, or instance. See also number.

sound n: the basic audibly distinguishable element of the speech.

stem n: the part of an inflected word that remains unchanged except by phonetic changes or variations throughout an inflection.

subject n: the noun group in a clause that refers to the main person or thing you are talking about in a statement — as the girl in "The girl has come". See also predicate.

suffix n: an affix occurring at the end of a word, base, or phrase. Compare prefix.

syllable n: **1.** a unit of spoken language that is next bigger than a speech sound and consists of one vowel sound with one or more consonant sounds preceding or following; **2.** one or more letters (as **syl**, **la**, and **ble**) in a word (as **syllable**) usually set off from the rest of the word by a centered dot or a hyphen and roughly corresponding to the syllables of spoken language and treated as helps to pronunciation or as guides to placing hyphens at the end of a line.

synonym n: one of two or more words or expressions of the same language that have the same or nearly the same meaning in some or all senses. Compare homonym, antonym.

syntax n: **1.** study of word combinations. **2.** study of sentence structure (including word structure)

T

tense n: **1.** a distinction of form in a verb to express distinctions of time or duration of the action or state it denotes **2.** a set of inflectional forms of a verb that express distinctions of time; an inflectional form of a verb expressing a specific time distinction.

third person n: **1.** a set of linguistic forms (as verb forms and pronouns) referring to one that is neither the speaker or writer of the utterance in which they occur nor the one to whom that utterance is addressed; a linguistic form belonging to such a set; **2.** reference of a linguistic form to one that is neither the speaker or writer of the utterance in which it occurs nor the one to whom that utterance is addressed.

transitive verb n: averb which demands a noun in Acc. whithout a preposition.

V

verb n: a word that characteristically is the grammatical center of a predicate and expresses an act, occurrence, or mode of being, that in various languages is inflected for agreement with the subject, for tense, for voice, for mood, or for aspect, and that typically has rather full descriptive meaning and characterizing quality but is sometimes nearly devoid of these esp. when used as an auxiliary or linking verb. See part of speech.

vowel n: one of a class of speech sounds in the articulation of which the oral part of the breath channel is not blocked and is not constricted enough to cause audible friction; broadly: the one most prominent sound in a syllable.

W

word n: **1.** a speech sound or series of speech sounds that symbolizes and communicates a meaning without being divisible into smaller units capable of independent use; **2.** the entire set of linguistic forms produced by combining a single base with various inflectional elements without change in the part of speech elements; **3.** a written or printed character or combination of characters representing a spoken word.

word stress n: **1.** relative force or prominence of a sound in verse; **2.** a syllable having relative force or prominence. See accent.

168

Е. Росс. Русский язык в таблицах и схемах